소중한 사람에게
우울증이 찾아왔습니다

ALS EEN DIERBARE DEPRESSIEF IS
by Huub Buijssen

© 2010, 2020 by Huub Buijssen
Originally published by Spectrum, an imprint of Uitgeverij Unieboek | Het Spectrum

Korean Translation © 2020 by Eulyoo Publishing Co. Ltd.
All rights reserved.
The Korean language edition published by arrangement with Uitgeverij Unieboek |
Het Spectrum bv through MOMO Agency, Seoul.

이 책의 한국어판 저작권은 모모 에이전시를 통해
Uitgeverij Unieboek | Het Spectrum bv사와의 독점 계약으로
(주)을유문화사에 있습니다. 저작권법에 의해 한국 내에서 보호를 받는 저작물이므로
무단전재와 무단복제를 금합니다.

소중한 사람에게
우울증이 찾아왔습니다

나를 잃지 않고 함께 살아가기 위한 심리 안내서

휘프 바위선 지음 | 장혜경 옮김

❀ 을유문화사

소중한 사람에게 우울증이 찾아왔습니다
나를 잃지 않고 함께 살아가기 위한 심리 안내서

발행일
2020년 8월 15일 초판 1쇄
2023년 9월 10일 초판 5쇄

지은이 | 휘프 바위선
옮긴이 | 장혜경
펴낸이 | 정무영, 정상준
펴낸곳 | ㈜을유문화사

창립일 | 1945년 12월 1일
주소 | 서울시 마포구 서교동 469-48
전화 | 02-733-8153
팩스 | 02-732-9154
홈페이지 | www.eulyoo.co.kr

ISBN 978-89-324-7432-8 03180

차례

4장

"전문가와 어떻게 만나야 할까?"

적절한 치료를 받기 위해서 통과해야 하는 다섯 가지 관문

일러두기

1. 도서·신문·잡지는 『 』, 시·단편소설·음악 작품은 「 」, 그림·전시·영화는 < >로 표기하였습니다.
2. 인명이나 지명은 국립국어원의 외래어 표기법을 따랐습니다. 단, 일부 굳어진 명칭은 일반적으로 사용하는 명칭을 따랐습니다.
3. 본문에서 언급하는 문학 작품명 및 인용 저서명은 한국어판 출간 사례가 있을 경우 해당 표기를 따르고, 한국어판 출간 사례가 없을 경우 새로 번역했습니다.
4. 복합명사는 가급적 띄어쓰기로 통일했으나, 붙여쓰기가 관용화된 심리학 전문 용어들은 대체로 붙여쓰기로 하였습니다.
5. 인용문 출처에서 연도 표기는 창작 연도가 아닌 출간 연도를 기준으로 표기했습니다.
6. 이 책은 한국 독자의 이해를 위해 감수가 필요한 일부 내용에 한해 정신건강의학과 전문의의 의견을 구했습니다(감수자와 협의하에 이름과 약력을 생략하였습니다).
7. 저자 각주는 *, 옮긴이 각주는 ●, 감수자 각주는 ▲로 표시했습니다.

서문

당신의 마음이 발을 헛디뎌 길을 잃지 않도록

당신이 이 책을 선택한 이유는 아마도 가까운 사람이 우울증을 앓고 있기 때문일 것입니다. 그러나 너무 절망할 필요는 없습니다. 가까운 가족이나 친구가 우울증으로 힘들어하는 모습을 지켜봐야 하는 운명은 당신 혼자만의 것이 아니니 말입니다. 전체 인구 중 다섯 명에 한 명꼴로 평생 적어도 한 번은 우울증을 앓는다고 합니다. 아마 실제 수치는 더 많을 겁니다. 이 통계에는 우울증 때문에 술을 마시거나 마약을 하고, 수면제와 진정제 같은 약을 먹는 수십만의 중독 환자들이 빠져 있기 때문입니다. 한 사람에게 평균 다섯에서 일곱 명의 가족이나 친구가 있다고 가정한다면 자신이나 가까운 가족 혹은 친구가 평생 한 번도 우울증을 앓지 않을 확률은 거의 로또에 당첨될 확률과 비슷합니다.

소중한 사람이, 파트너나 형제자매, 자녀나 부모가 우

울증을 앓는다면 궁금한 것이 많을 겁니다. 우울증에 걸리면 기분이 어떨까? 어떻게 해야 도와줄 수 있을까? 어떤 것을 조심해야 할까? 우울증을 앓는 나의 가족을 어떻게 하면 전문가에게 데리고 갈 수 있을까? 도움이 되는 전문가는 또 어떻게 찾을 수 있을까? 내 기분도 따라 울적해지지 않으려면 어떻게 해야 할까? 이 책은 당신에게 이런 질문들에 대한 대답을 들려주려 합니다.

당신은 소중한 가족에게 정말로 많은 도움을 줄 수 있습니다. 때론 전문가보다 더 큰 도움을 줄 수도 있습니다. 이 책이 전하고자 하는 메시지도 바로 그것입니다. 당신은 가족에게 전문가보다 더 중요한 사람이며, 그들보다 훨씬 많은 시간을 함께 보내는 사람이기 때문입니다. 의사나 심리치료사는 기껏해야 일주일에 한 시간 정도 대화를 나누는 것이 고작이지만 당신은 하루의 대부분을 소중한 그 사람과 함께 보냅니다. 그를 대하는 당신의 자세와 당신의 지지가 그 사람에게 결정적인 영향을 미칠 수도 있는 것입니다.

우울증은 당신의 가족뿐 아니라 당신마저 덮칠 수 있습니다. 우울증은 한 인간을 자신의 법칙에 복종시키지요. 그래서 우울증에 걸리면 사소한 결정도 잘 내리지 못하고 매사 수동적이 되며 쉽게 상처받고 사람을 기피하고 의욕과 기쁨을 잃어버립니다. 이러한 내 가족의 유쾌하지 않은 행동은 당신의 기분에도 영향을 미칠 것입니다. 거기에 스트레스와 편견과 불안이 가중되면 당신마저 자제력을 잃고 헤맬 수 있습니다. 그렇게 당신의 마음이 발을 헛디뎌 가족뿐 아니라 당신 자신마저 잃게 되는 일이 없도록 이 책은 당신에게 조언과 전략을 건네려 합니다. 이 책에 실린 많은 조언은 당신과 같은 상황에 처한 사람들의 입에서 나온 것입니다. 물론 그렇다고 해서 이 책이 권하는 모든 방법이 당신에게도 통할 것이라는 말은 아닙니다. 꼭 그래야 할 필요도 없고요. 실천에 옮길 수 있는 몇 가지 조언만 발견해도 이 힘든 시간을 꼭 헤쳐 나갈 수 있을 것이라는 희망과 전망이 솟구쳐 오를 테니까요.

휘프 바위선, 틸뷔르흐에서

1장

"우울증은 어떤 심리 상태일까?"

증상 이해하기

우울증에 걸리면 어떤 기분일까? 환자의 머리와 몸에선 무슨 일이 벌어질까? 아마 당신은 혼자서도 몇 번이고 이렇게 물었을 것이다. 가족이 예전과 다른 행동을 하는데 도무지 그 이유를 알 수가 없으니 말이다.

당신이 한 번도 우울증을 앓아 본 경험이 없다면 가족이 무엇 때문에 고통을 당하는지 아는 것이 큰 도움이 될 것이다. 일단 알면 이해할 수 있을 거고, 거기서 한 걸음 더 나아가 곁을 지키고 도움을 줄 수 있을 것이다.

따라서 이제부터 우울증의 증상들을 하나씩 설명하려 한다. 그 전에 한 가지 짚고 넘어갈 사항이 있다. 이 책은 즐거운 독서 시간을 선사하지 못할 것이다. 따라서 매일 조금씩 읽어 나가라고 권하고 싶다. 한 장을 한꺼번에 스르륵 읽고 나면 당신의 기분도 따라 우울해질지 모르니까.

그렇지만 일단 두 가지는 먼저 언급하기로 한다. 첫 번째는 우울증의 경험은 설명하기가 쉽지 않다는 사실이다. 설명하기에 적합한 말을 찾기가 참 힘들다. 두 번째는 우울증은 참 다양한 얼굴을 하고 있다는 것이다.

우울증은 설명할 수 없다

우울증이 어떤 느낌인지 설명하는 것은 거의 불가능에 가까운 숙제다. "경험 많은 정신과 의사도 조현병* 환자는 오래 상대하다 보면 어느 정도 이해를 할 수 있는데 내면에서 솟아나오는 깊은 우울증, 우수는 절대 따라 느낄 수가 없다고 말한다."(만프레트 뤼츠Manfred Lütz, 2009년) 심지어 우울증을 직접 앓았던 작가들조차 인간의 언어로는 우울증을 설명할 수 없다고 말한다. 작가 로히 위흐*도 그중 한 사람이다.

▲ 국회 등 관련 법, 학술적 용어로 '정신분열증'이라 불리우던 병명이 2011년 대한신경정신의학회의 명칭 변경 요청에 의해 '조현병'으로 바뀌었다. 정신분열이라는 명칭이 주는 폐해가 크다는 환자 및 가족, 전문가들의 요청에 따라 바뀐 것으로 조현병의 '조현'의 의미는 정신 심리 기능의 조화를 이루는 영역에서의 병리가 있다는 뜻을 담은 것이다.

• Rogi Wieg, 1962~2015, 네덜란드 시인, 소설가, 음악가

무슨 병이 이렇단 말인가? 설명할 수도 없고 비교할 수도 없는 병. 우울증은 언어를 무용지물의 혼잣말로 전락시킨다. 주요 우울증 major depression이 어떤 기분인지 설명하려고 하면 말이 자기 무게에 짓눌리기 때문에 듣는 사람이 도저히 이해를 하지 못한다. 납작하게 짓눌린 말……. 무엇에 대한 말인가? 무관심, 무감각. 우울증에 대해 말한다는 것은 자기 인생의 갑작스러운 무의미를 한탄하면서도 어떻게 그 무의미의 한가운데에서 살 수 있는지 이해하지 못한다는 뜻이다.

(로히 위흐, 2003년)

우울증은 말로는 다 표현할 수 없는 경험 영역이다. 넘을 수 없는 울타리로 경계를 두른 땅과 비슷하다. 울타리에는 이런 팻말이 걸려 있다. "정상적인 소통은 출입 금지." 노년에 들어 우울증을 앓았던 작가 윌리엄 스타이런*은 그 상태를 이런 말로 표현하였다. "중증 우울증을 동반하는 고통은 당해 보지 않은 사람은 상상도 할 수 없다. 우울증을 앓았던 대부분의 사람들은 그 고통이 너무 끔찍해서 도저히 말로 표현할 수가 없다."(윌리엄 스타이런, 2010)

그러나 이 책은 그 고통을 전달하기 위해 말을 활용할

---

* William Styron, 1925~2006, 미국 소설가. 데뷔작 『어둠 속에 눕다』로 주목을 끌었으며 흑인 노예의 반란을 소재로 한 역사 소설 『냇 터너의 고백』으로 퓰리처상을 수상했다. 특히 영화화된 소설 『소피의 선택』으로 유명하다.

수밖에 없다. 물론 우울증을 충분히 설명할 수는 없을 것이다. 직접 우울증을 앓았던 작가들조차 어떤 기분인지 정확하게 표현할 수 없는데 작가도 아니고 우울증을 앓아 본 적도 없는 내가 감히 우울증을 설명해 보겠다니 가당키나 한 일인가. 그래도 나는 심리학자로서의 경험과 그동안 읽은 전문 서적의 지식을 총동원하여 우울증 경험을 설명해 보려 최선을 다할 것이다. 또 최대한 실제 경험을 전달하기 위해 내가 치료했던 환자들의 말도 자주 인용할 것이며 신문과 잡지에서 읽은 환자들의 경험담과 소설 구절도 끌어다 쓸 것이다.

우울증은 천의 얼굴을 가졌다

우울증이라고 해서 다 같은 우울증이 아니다. 똑같이 우울증을 앓는다고 해도 그 증상은 사람에 따라 천양지차다. 우울증이란 것이 다양한 특이 증상들이 만나 발생하는 증후군, 즉 복합적 질병이기 때문이다.

우울증이라 부를 수 있으려면 아래에 적은 아홉 가지 증상 중에서 최소 다섯 가지에 해당되어야 하며, 아울러 처음 두 가지 증상 중 하나에는 반드시 해당되어야 한다.[▲]

▲ 이 기준은 DSM-IV(정신 질환 진단 및 통계 편람, 미국정신의학협회)의 기준이다. 현재 DSM-5까지 개정되었다.

우울증 장애의 증상들

1. 기분이 울적하고 가라앉는다. 마음이 허하다.

2. 매사에 아무 의욕이 없고 좋은 일이 없다.

3. 아무 짝에도 쓸모없는 인간인 것 같거나 죄책감이 든다.

4. 잠을 잘 자지 못한다.

5. 식욕이 떨어지거나 왕성해지고 몸무게가 눈에 띄게 늘거
   나 준다.

6. 기운이 없거나 피로하다.

7. 게을러지거나 반대로 한시도 가만히 있지 못한다.

8. 집중력이 떨어지거나 결정을 내리지 못한다.

9. 죽음이나 자살을 자꾸 생각하게 된다.

그러니까 이 아홉 가지 증상이 모두 나타나야 우울증
인 것은 아니라는 말이다. 잠은 잘 자는데 도통 기운이 없
고 맥을 못 쓸 수도 있다. 이 아홉 가지 우울증 증상은 수많
은 결합 형태로 나타날 수 있다. 심지어 두 사람이 똑같이
우울증 환자지만 증상이 하나도 안 겹칠 수 있다. 그 이유
는 무엇보다도 특정 증상이 정반대의 모습으로 표현될 수
있기 때문이다. 너무 많이 잘 수도 있지만 반대로 너무 안
잘 수도 있다. 살이 쑥쑥 빠지기도 하지만 반대로 엄청 찌

기도 한다. 입맛이 통 없을 수도 있지만 입맛이 너무 좋아서 계속 먹어 댈 수도 있다. 행동이 굼뜰 수도 있지만 반대로 계속 흥분 상태일 수도 있고, 집중력이 떨어질 수도 있고 결정을 못 내릴 수도 있다.

그뿐만이 아니다. 증상의 정도도 사람마다 다 다르다. 똑같이 식이장애를 겪어도 정도가 심할 수도 덜할 수도 있으며, 똑같이 집중력 장애를 겪어도 덜한 사람이 있고 더한 사람이 있다. 그리고 이런 감정의 강도는 경험에 직접적인 영향을 미친다. 가벼운 우울증일 때 느끼는 울적한 기분은 중증 우울증의 그것과는 아예 종류가 다른 것이다. 전자의 경우는 아직 울음을 터트릴 수 있지만 후자의 경우는 감정이 너무 얼어붙어 버려서 자신의 침울한 기분을 느낄 수도 없다.

또 환자마다 증상을 경험하는 방식도 다 다르다. 어떤 환자는 집중을 하지 못해 힘들어하지만 다른 환자는 집중력 장애는 괜찮은데 식구들의 짐이 될까 봐 노심초사한다.

이렇듯 모든 우울증이 다르다. 환자의 수만큼 많은 우울증이 있다는 말까지 나올 정도다. 우울증 증상에 대한 다음의 추가 설명을 읽기 전에 일단 이 사실부터 명심하는 것이 좋다.

울적한 기분

무엇을 해도 좋은 줄 모르고 마음이 한없이 가라앉는 것도 우울증의 대표적인 증상이다. 그래서 이 병을 '병적인 우울감'이라고 부르기도 한다. 물론 환자는 '우울하다'는 표현 대신 이런 저런 말로 돌려 표현할 것이다. 예를 들면 이런 식이다. "컨디션이 너무 안 좋아.", "기분이 자꾸 가라앉네.", "깜깜한 방에 갇힌 기분이야.", "빛이 안 보여."

우울감은 하루 동안에도 다른 모습을 띨 수 있다. 대부분의 경우 오후보다 오전이 더 심해서 아침에 일어나 하루를 시작하기가 정말 힘들다. 이불을 뒤집어쓰고 더 누워 있고 싶은 마음이 간절하다.

하지만 정반대 증상을 보이는 환자도 있다. 아침에 일어났을 때는 기분이 좋다가 시간이 갈수록 점점 기분이 나빠진다. 이렇게 하루 동안 좋아지거나 나빠지는 기분을 전문 용어로 '낮밤의 변동'이라고 부른다. 이것이 우울 질환에서만 나타나는 소수의 증상 중 하나이기 때문에 우울증 소견이 있을 경우 정신과 의사나 심리 치료사는 꼭 이런 증상이 있는지 묻는다.

앞에서도 말했듯 당신은 아마 우울증에 걸린 가족이 어떤 기분일지 늘 궁금할 것이다. 혹은 전혀 궁금하지 않고, 어떤 기분일지 충분히 짐작이 간다고 생각할지도 모르겠다. "우울증"이라는 말을 들으면 자동적으로 당신이 힘들고 고달팠던 시기가 떠오를 것이고, 그러니 굳이 물어보지 않아도 가족 역시 그런 기분일 것이라 지레짐작할 것이다. 그러나 그건 잘못된 생각이다. 당시 당신이 힘든 사건 때문에 마음이 울적했다면 그건 누구나 겪을 수 있는 슬픔의 시기였다. 그 경우 당신의 반응은 정상이었고 우울증과 아무 상관이 없었다.

우울증으로 인한 우울감은 슬픔으로 인한 우울감과 비교할 수 없다. 우리 모두가 한 번쯤 경험하는 우울한 기분과도 비교할 수 없다. 중증 우울증 환자는 무엇보다 공허감에 시달린다. 소설 『노멀 피플 *Normal People*』의 주인공인 이 학생처럼 말이다.

모든 것이 그를 덮쳤다. 울음이, 공황발작이. 그리고 그 모든 것은 안이 아니라 밖에서 오는 것 같았다. 안에선 아무것도 느끼지 못했다. 그는 자신이 냉동실에 있다 나와서 겉은 얼른 녹았지만 속은 여전히 돌덩이처럼 딱딱한 그런 기분이었다. 뭔가 예전보다 감정을 더 많이 드러내기는 했지만 느낌은 오히려 덜했다. 아무것도 느끼지 못했다.

(샐리 루니, 2018년)

나에게 찾아온 우울증 환자 한 사람은 어떤 기분이냐

는 내 질문에 이렇게 대답했다. "이유가 있어서 울적할 때는 힘이 들기는 하겠지만 그래도 그건 어쨌든 감정을 느끼잖아요. 하지만 우울증일 땐 아무 감정이 없어요. 그게 훨씬 안 좋아요. 나하고 내 감정 사이에 유리벽이 있는 것 같아요." 내가 그 말을 이해하기까지는 오랜 시간이 걸렸다. 그 말의 의미를 조금이나마 이해하게 된 건 예전의 그 사건이 문득 떠올랐기 때문이다.

내가 넬레커를 만나 사랑에 빠졌을 때는 스물일곱 살 되던 해였다. 그녀는 대학에서 국문학을 전공하였고, 나보다 여섯 살 어린 여자였다. 그런데 사귄 지 두 달 만에 그녀가 당시 우리가 살던 네이메헌을 떠나 암스테르담으로 가게 되었다. "암스테르담이 더 맞을 것 같아. 거기 가면 할 수 있는 게 더 많을 테니까." 그때부터 우리는 주말 연인이 되었다. 그런데 주중에 떨어져 있다가 금요일이나 토요일에 만나면 그녀는 매번 처음 보는 사람처럼 데면데면하게 굴었다. 오래오래 사랑의 행위를 나누고 나서야 겨우 긴장을 풀면서 다시 예전의 편한 모습으로 돌아왔다. 나는 그 반복되는 불편함이 수줍은 그녀의 성격 탓이려니 생각했다. 또 그녀가 나를 (아마 여섯 살의 나이 차이 때문에) 너무 우러러보기 때문이라고 여겼다. 그녀는 늘 말했다. "당신은 나보다 훨씬 괜찮은 사람이야." 실제로 1년 후 넬레커는 그 이유를 대며 이별을 통보했다. (그것도 단 여덟 줄의 편지로 말이다. 아

마 얼굴을 보고 말할 용기가 안 났을 것이다.) 그런데 헤어지기 몇 주 전에 그녀가 자기 비밀 하나를 털어놓았다. 당시 나는 이상하게도 그녀의 그 말뜻을 헤아리지 못했고 경고의 신호로 해석하지도 못했다. 그녀의 왼쪽 팔 안쪽에는 작은 붉은 점이 많았다. 어느 날 저녁에 내가 어쩌다 생긴 흉터냐고 물었더니 그녀가 화상 자국이라고 대답했다. "우리가 만나기 전에 담뱃불로 자해를 하던 시기가 있었거든." 왜 그랬냐고 물었더니 그녀는 말했다. "느끼고 싶어서."

세월이 많이 흐르고 앞서 말한 그 환자가 자신과 자신의 감정 사이에 '유리벽'이 있는 것 같다고 털어놓았을 때, 그때서야 나는 넬레커의 말이 무슨 뜻이었는지 이해했다. 나를 알기 전 넬레커는 우울증을 앓았다. 우리가 사귈 때에도 아직 완전히 나은 상태는 아니었다. 그때에도 그녀는 아직 자기감정에 진실로 다가가지 못했다. 그래서 주말에 다시 만날 때마다 우리 사이엔 뭔가 불편함이 감돌았던 것이다.

좋을 일이 없다

바라고 바라던 일이나 오랜 꿈이 이루어졌는데 하나도 기쁘거나 행복하지 않다면 어떨 것 같은가? 기쁨은커녕 아무 느낌도 없고 무덤덤하다면?

왜 내가 이런 말을 하는지 당신도 잘 알 것이다. 더 이상 즐기고 누릴 수 없는 것, 그것 역시 우울증의 중요한 또 한 가지 측면 혹은 증상이기 때문이다. 예전 같았으면 너무 좋아했을 것들(구름 한 점 없는 가을 날, 재미난 사람들과의 만남, 뜨거운 물에 샤워하기, 앙증맞은 아기들, 바이올린 연주)도 우울증에 걸리면 아무 감흥을 주지 못한다. 심장이 꽁꽁 얼어붙은 것만 같다.

아무 감흥이 없으니 무엇을 해도 즐겁지가 않다. 하고 싶은 것도 없다. 숨은 쉬고 밥은 먹고 잠은 자지만 삶은 가만히 멈춰 있다. 남들에게 그 심정을 알리고 싶은 마음에 환자들은 이런 말들을 한다. "아무 의욕이 없어.", "억지로 마지못해서 하는 거야.", "로봇이 된 것 같아. 하기는 하는데 아무 느낌이 없어.", "뭘 해도 따분해.", "예전에는 휘파람을 불며 출근을 했는데 요즘엔 아침마다 죽을힘을 다해야 겨우 출근을 할 수가 있어.", "웃음이 안 나. 재미가 없거든." 축구라면 사족을 못 쓰던 그가 갑자기 조기 축구회에 나가지 않는다. 축구가 '아무 의미도 없는 것' 같기 때문이다.

58세의 한 기자는 자신의 심정을 이렇게 표현했다.

긴 세월 동반자였던 기타가 구석에서 먼지를 뒤집어쓰고 있다. 세계 곳곳에 가지고 다니던 카메라의 배터리가 지난 몇 주 동안 방전 상태다. 여행의 욕망이, 아시아 도시의 광기에 빠지

고 싶고, 스칸디나비아의 그 거친 풍광에 압도되고 싶고, 사
계절 내내 지껄이는 이탈리아 사람들 곁에서 활기를 찾고 싶
은 욕망이 다 꺼져 버렸다.

(아르노 헤이테마, 2019년)

죄책감이나 쓸모없다는 기분

빈의 유명한 정신과 의사 지그문트 프로이트는 요즘
우리가 들으면 딱해서 절로 혀를 차게 되는 주장을 많이 했
지만 그 못지않게 지금 우리가 봐도 타당한 이론도 많이 내
놓았다. 그중 하나가 슬픔과 우울증의 차이다. 슬픔을 느낄
때도 마음이 아프고 울적하며 절망감이 밀려들지만 우울
증을 앓는 사람에겐 거기에 하나가 더 추가된다. 과도한 열
등감과 지나친 자기연민이 바로 그것이다. 우울증에 걸리
면 온 세상을 검은 안경을 끼고 바라보게 되는데, 가장 먼저
자신이 그 암울한 시각의 대상이 된다. 환자는 자존감이 떨
어지고 최악의 경우 자신을 혐오한다. "난 아무 쓸모도 없
어", "할 줄 아는 게 없어", "나만 아니라면 어떤 인간이 되어
도 좋겠어" 하고 생각한다.

일이 잘되면 그건 운이 좋아서고 일이 안 되면 다 자기
탓이다. "누가 봐도 나는 못 해낼 인간이니까." 주변에서 아

무리 그렇지 않다고, 절대 네 탓이 아니라고 말해도 소용이 없다. (거꾸로 마음이 편한 사람들은 정반대 반응을 보인다. 일이 잘되면 다 자기 덕이고 일이 잘 안되면 다 운이 없거나 남 탓이다.)

우울증을 앓는 사람은 자신의 능력만 부정적으로 평가하는 것이 아니다. 자신의 신체에 대해서도 부정적이다. "나는 너무 뚱뚱해. 나는 너무 못 생겼어. 나는 매력이 없어." 자신의 성격에 대해서도 부정적이다. "나는 머리가 나빠. 유머가 없어. 비관적이야." 낮은 자존감은 도덕적 평가에도 부정적 영향을 미친다. "나는 나쁜 사람이야. 믿을 수 없고 이기적이고 쓸모가 없어." 이 모든 부정적 평가의 결과는 결국 완전히 실패한 인생이다. 살아봤자 아무 소용이 없다는 결론이다.

"신이 읽는 속도보다 더 빨리 쓸 수 있다"라는 말을 들었던 유명한 네덜란드 작가 시몬 페스트데이크°도 몇 차례 우울증을 겪었다. 그때 느꼈던 쓸모없다는 느낌을 그는 이런 말로 표현했다.

2월에 우울증이 찾아왔다. 처음 찾아왔을 때와 똑같았다. … 참을 수 없는 절망감이 밀려왔고, 아버지가 소리 높여 강조하

• Simon Vestdijk, 1898~1971, 네덜란드 작가로 『비서르 씨의 지옥 여행 *Meneer Visser's hellevaart*』, 『성 세바스찬 *Sint Sebastiaan*』 등의 심리 소설과 『필라투스의 만년 *De nadagen van Pilatus*』 등의 역사 소설을 남겼다.

시던 '의지'로 그 절망을 막을 수 없었기에 특히 죄책감이 심했다. 지금껏 나는 완벽한 건강을 자랑했다. 학교에서도 누구 못지않게 열심히 공부했다. 그런데 몸과 마음이 이렇게 참담하다니. 저번보다 더 또렷하고 확실했다. … 일을 할 수가 없었다. 아무것도 할 수 없었다. 누구한테도 털어놓을 수 없었고 어디서도 나와 같은 사람을 발견할 수 없었기에 열등감으로 고통스러웠다.

(시몬 페스트데이크, 1975년)

수면 장애

인구의 약 20퍼센트는 규칙적으로 수면 문제를 겪는다. 어쩌면 당신도 그런 사람일지 모르겠다. 하지만 수면 장애가 없는 사람들도 더러 잠을 잘 자지 못한 날들이 있다. 어젯밤에 잠을 잘 자지 못하면 기분이 어떤가? 하루 종일 정신도 없고 기운도 없을 것이다. 수면 연구가들은 잠을 잘 자지 못한 결과는 술을 엄청 마신 다음날 숙취에 시달리는 것과 비슷하다고 말한다. 따라서 행복감도 수면의 질에 크게 좌우된다. 잠을 푹 자고 나면 몸도 개운하고 기분도 좋지만 잠을 못 자면 몸도 마음도 엉망이다. 그런데 이런 날이 하루로 끝나지 않는다면 어떻게 될까? 몇 주 동안 계속 잠을 못 잔다고 한번 상상해 보라. 우울증을 앓는 환자들이 어떤 기분일지 어느 정도는 이해할 수 있을 것이다.

우울증은 거의 수면 문제를 동반한다. 제일 많이 나타나는 증상이 너무 일찍 잠에서 깨서 그 후로 잠들지 못하는 것이다. 몇 시간 멍 하니 누워 온갖 잡생각에 시달리다가 겨우 잠이 들지만 또 몇 시간 후면 다시 눈이 딱 떠진다. 혹은 계속 잤다 깼다를 반복해서 잠을 하나도 못 잔 것 같은 느낌이 드는 경우도 많다. 더 심각해서 아예 못 자거나 (신중하게 표현해서) 아주 조금밖에 못 자는 경우도 있다.

그러나 수면 장애는 정반대의 모습으로 나타날 수도 있다. 일찍 자서 늦게 깨는 것이다. 심지어 하루 종일 잠만 자고 싶은 경우도 있다. 적어도 잠을 잘 때는 우울감을 느끼지 않을 테고 인생의 허망함을 잊을 수 있으니까 말이다.

우울증 환자와 같이 사는 가족 입장에선 자꾸 깨는 것도 계속 자는 것도 고민이다. 자꾸 깨서 왔다 갔다 하면 내가 잠을 못 잘 것이고, 하염없이 잠만 자면 ("또 자?") 울화통이 터질 것이다.

마지못해 먹거나 너무 많이 먹는다

한동안은 너무 똑같은 것만 먹어서 그런가 생각했다. 하지만

32

메뉴를 바꾸어도 내가 직접 만든 음식이 밀가루 죽 같았고 너무 짜거나 너무 싱거웠다. 국수는 너무 익었거나 덜 익었고 과일은 너무 쓰고 채소는 너무 질겼으며 와인은 너무 시거나 너무 독했다.

(아르노 헤이테마, 2019년)

우울증은 식습관의 변화를 동반할 수 있다. 보통은 예전보다 입맛이 떨어져서 무엇을 먹어도 맛이 없다. 사는 게 즐겁지 않으면 먹는 것도 즐겁지 않은 법이다. 사실 우리는 살려고 먹는다. 우울증 환자들은 (훨씬) 적게 먹고 그마저 마지못해 억지로 먹는다. 그러다 보니 눈에 띄게 체중이 줄고 혈색도 나빠지고 아픈 사람 같아 보인다.

물론 이 경우도 정반대의 모습이 가능해서 환자가 예전보다 너무 많이 먹어 댄다. 마음속의 공허함을 먹어서 채우기라도 하겠다는 듯 자꾸 음식을 찾는다. 그러다 보니 음식을 먹는다기보다 처넣는다는 표현이 어울릴 정도로 꾸역꾸역 먹어 대는 경우도 많다. 특히 계절성 우울증이나 양극성 장애(조울증)에서 필요 이상으로 많이 먹는 증상이 나타나기 쉽다.

잘못된 식습관은 당연히 소화기 장애로 이어진다. 그래서 환자는 설사나 변비로 고통받는다. 많은 경우 위와 장은 마음의 상태를 알려 주는 바로미터다.

피곤하고 기운이 없다

우울증의 잦은 증상 중 하나는 과도한 피로이다. 그러나 우울증 환자의 피로는 너무 정신없이 바쁜 하루를 보냈거나 힘든 육체노동을 하고 난 후에 느끼는 피로감과는 전혀 다르다. 자전거 투어를 하거나 등산을 하고 난 후엔 '기분 좋게 피곤'하다. 왜 피곤한지 이유를 알고 푹 쉬고 나면 피로가 가실 것이라는 것도 잘 안다.

우울증 환자는 아무것도 하지 않았는데 피로하다. 기력이 하나도 없다. 피로가 그 사람의 일부가 되어 버린 듯 아무리 편안한 침대에서 쉬고 또 쉬어도 피로가 통 가시지 않는다. 팽팽하던 힘줄이 실 가닥처럼 얇아져서 축 늘어진 것만 같다. 그렇게 넘치던 활력이 신기하게도 온몸과 머리에서 싹 빠져나가 버린 것 같다. 아무것도 아닌 일들, 이를테면 아기 기저귀를 갈고 설거지를 하고 자전거 타이어에 바람만 집어넣어도 이미 탈진 상태가 된다.

그렇다 보니 자기 몸을 가꾸는 일도 보통 힘든 게 아니다. 그러나 이렇듯 자신을 방치하고 사람들을 피하는 것이 결코 원해서가 아니다. 너무 하고 싶지만 할 수가 없다.

중증 우울증일 때 사람을 만나는 것도 너무 박찬 일이다. 벨이 울리는 전화기를 집어 들거나 초인종 소리에 현관문을 따 주는 것조차 버겁다. 그러니 먼저 연락을 취하고 만남을 주선한다는 것은 상상도 못할 일이다.

> 미용실 예약이 되어 있었다. 아직 세 시간이나 남았지만 나는
> 벌써부터 겁이 났다. 계속 웃고 있는 것만 해도 너무너무 힘이
> 드는데 활달한 미용사의 수다를 어떻게 견딜까? 얼굴이 백짓
> 장처럼 하얘지고 돌처럼 굳었다. 근육이 반란을 일으켰다.
>
> (마샤 매닝, 1996년)

행동이 굼뜨거나 한시도 가만히 있지 못한다

1.5미터 깊이의 물에서 걸어 본 적이 있는가? 있다면 땅
에서 걷는 것보다 물속에서 걷기가 훨씬 힘들다는 사실을
잘 알 것이다. 그런데 물이 아니라 시럽으로 가득 찬 수영장
을 걷는다고 한 번 상상해 보라. 얼마나 힘이 들겠는가? 내
가 이런 말을 하는 이유는 우울증에 걸린 한 남성이 자신의
상태를 그렇게 비유했기 때문이다. 시럽을 헤치며 걷는 기
분이라고 말이다.

우울증의 증상 중 하나인 에너지 결핍은 반응의 속도
를 떨어뜨린다. 정신운동지연psychomotor retardation이 우울증의
핵심이라고 생각하는 학자들도 많다. 우울증 환자들이 흔
한 증상으로 꼽는 "밑으로 깔리는 기분", "다운되는 기분"

은 이런 "땅 밑으로 꺼지는" 느낌, 즉 아무것도 할 수 없는 그들의 상태를 매우 정확하게 표현한다. 설사 억지로 힘을 내서 어떤 일을 하더라도 속도가 현격히 떨어지거나 보통 사람 속도의 절반밖에 안 된다. 그래서 중증 우울증 환자의 경우 실제로 시럽을 헤치고 걷는 기분이 드는 것이다.

동작만 느려지는 것이 아니라 생각도 느려진다. 우울증에 걸린 한 정치가는 이런 말을 했다. "생각의 속도가 평소보다 훨씬 느려졌습니다."(게르 클레인, 1994년) 따라서 우울증 환자에게 질문을 던지면, 대답을 들을 수 없을 것 같아 포기하려는 찰나 겨우 그의 입에서 한마디 대답이 튀어나오는 일도 예사인 것이다.

그런데 정작 우울증 환자는 자신이 느려졌다는 사실을 잘 모른다. 우울증이 매우 느린 속도로 조금씩 그의 삶을 침범한 경우엔 더더욱 그렇다. 매일 그를 만나는 사람들도 그 사실을 알아차리기 쉽지 않다. 변화가 느리게 조용히 진행되었기 때문이다. 그러나 오랜만에 만난 사람들은 바로 알아차린다. 그의 말이 예전보다 느리고 단조로우며 동작도 굼뜨다는 사실을 금방 인지한다. 마치 화면을 슬로우 모션으로 돌리는 것 같은 느낌이다.

우울증 환자는 시간 자체가 느리게 간다고 느낀다. 1분이 60초가 아니라 120초인 것 같다.

우울증의 시간은 도그 이어[*]와 비슷하게 인위적인 시간관념
을 따른다. 겁낼 일이 아니라는 사실을 너무나 잘 알면서도
샤워하기가 겁이 나서 꼼짝도 못하고 침대에 누워 울던 그때
가 지금도 생각난다. 욕실로 들어가기까지 각 단계를 끊임없
이 머릿속으로 되풀이했다. 돌아눕고, 발을 땅에 대고, 일어나
서, 여기서 욕실까지 걸어가서, 욕실 문을 열고, 욕조 가장자
리까지 걸어가서, 수도꼭지를 틀고, 샤워기 밑으로 들어가서,
비누칠을 하고, 거품을 씻어내고, 걸어 나와서, 수건으로 닦
은 다음, 침대로 돌아간다. 그 열두 단계가 십자가의 길을 걷
는 것만큼 힘들어 보였다.

(앤드류 솔로몬, 2001년)

그러나 굼뜬 행동과 정신운동지체 대신 정반대의 증상
을 보이는 경우도 많다. 마음이 불안해서 한시도 가만히 있
지를 못하는 것이다. 온몸이, 특히 근육이 잔뜩 긴장한 기분
이다. 그래서 얼마 전 나를 찾아왔던 한 남성 환자는 이렇게
말했다. "소파에 웅크리고 누워 있지 않으면 계속 집 안을
왔다 갔다 합니다. 그러다 지치면 흔들의자에 앉아 흔들흔
들하지요."

---

*   Dog Year, 정보 통신 중에서 인터넷 분야의 비즈니스나 기술이 놀라운
속도로 급변하고 있는 것을 은유적으로 나타낸 표현

결정 장애 혹은 집중력 장애

우울증을 앓는 가족이 아무것도 아닌 일 때문에 괴로워하고 고민하는 모습을 본 적 있을 것이다. 그때 당신은 아무것도 모르고 이렇게 야단을 쳤을 것이다. "뭘 고민을 해. 별일도 아닌 것을." 그리고 잊지 않고 이런 말도 덧붙였을 것이다. "안 그러던 사람이 왜 그래?" 당신이 그런 말을 던진 이유는 그런 결정 장애가 그와 어울리지 않는다고 생각했기 때문일 것이다. 당신 생각이 옳았다. 바로 그것이 우울증의 특징이기 때문이다.

> 엄청나게 힘을 내고 용기를 내서 옷을 입고 집을 나섰다. 5분 후 나는 다시 옷을 벗고 이불을 덮고 누웠다. 집을 나서자는 결정이 옳은지 확신이 없었기 때문이다. 잠시 후 나는 다시 거리로 나섰다. 하지만 거기서도 몇 걸음 걸었다 다시 뒷걸음질을 쳤다. 어째야 하지? 무엇이 옳은지 알 수 없었다. 확실한 결정을 내리고 일을 도모할 능력이 내겐 없는 것 같았다.
>
> (카를 쿨리차, 1997년)

자의식이 약하면 결정을 내리기가 힘들다. 결정을 내리자면 자신의 노선을 믿고 잘될 것이라는 확신이 있어야 한다. 그런데 조금 전에 보았듯 우울증은 그런 자신감을 뭉텅 훔쳐가 버린다.

정신 건강의 지표는 관심을 자기 뜻대로 조절할 수 있는 능력이다. 우울증 환자는 그런 능력이 없고, 설사 조절할 수 있다고 해도 엄청난 노력이 필요하다. 정신이 제멋대로 가 버려서 원하는 방향으로 끌고 갈 수가 없을 것만 같다.

> 그의 정신은 정상이 아니었다. 건강한 사람은 많은 것을 동시에 느끼고 기억하면서도 여러 가지 아이디어나 현상 중에서 하나를 골라 그것에 온 신경을 집중할 힘과 능력이 있다. 건강한 사람은 생각에 푹 잠겼다가도 마주 오는 사람을 발견하면 얼른 생각에서 깨어나 공손하게 인사를 하고 다시 생각에 잠길 수 있다. 이런 점에서 안드레이의 정신은 정상이 아니었다.
>
> (레프 톨스토이, 1956년)

집중력이 약해진다. 생각은 계속 허공을 맴돈다. 그래서 주변 사람들이 보면 넋이 나간 것 같다. 귀 기울여 들으려 애를 써도 상대의 말이 한 귀로 들어왔다 한 귀로 나가 버린다. TV를 보거나 신문을 읽어도 내용을 이해하지 못한다. 그 무엇도 두개골을 뚫고 그의 머리 안으로 들어가지 못할 것 같다. 그래서 주변 사람들에게 건망증이 심하다는 인상을 준다. 환자의 나이가 지긋한 경우 치매로 오해받을 수도 있다. 하지만 그의 기억력은 정상이다. 다만 집중을 못할 뿐이다.

집중력이 떨어져서 정보를 제대로 저장하지 못한다. 정보가 머리를 뚫고 들어가지 못하니 다시 나올 수도 없는 것이다.

죽음을 생각한다

우울증 환자는 매사 부정적이고 앞으로도 상황이 달라지지 않을 것이라고 생각한다. 아무리 세월이 흘러도 늘 똑같이 희망 없는 미래가 펼쳐질 것이라고 말이다. 삶은 아무 목적이 없고 공허하다. 세상은 온통 암흑이고 앞으로도 영원히 그럴 것 같다. 유명한 시인 레오 프로만*은 자살을 생각해 본 적 있냐는 질문에 이렇게 대답했다. "물론이지요. 하지만 나의 자살을 생각해 본 적은 없습니다." 그러나 그와 달리 우울증 환자들은 자신의 자살 생각을 자주한다.

물론 처음에는 그저 "죽고 싶다"는 하소연이나 한탄 정도일 때가 많겠지만 더 오래, 더 자주 자살을 생각하다가 결국 그것만이 탈출구라는 확신을 굳힐 수도 있다. 그런 생각을 한다고 해서 실제로 죽고 싶다는 뜻은 절대 아니다. 정말로 죽고 싶은 사람은 없다. 그저 이 고통에서 해방되고 싶기에, 더 이상 주변 사람들의 짐이 되고 싶지 않기에 죽음

---

* Leo Vroman, 1915~2014, 네덜란드계 미국인 혈액학자이자 시인, 일러스트레이터

이 축복처럼 느껴지는 것이다.

시인 아우구스트 폰 플라텐*도 군 복무 중 자살 생각이
자꾸 나서 너무나 괴로웠다고 한다.

이 고통에서 해방될 방법이 하나 더 있다. 유일하게 확실한
방법, 바로 죽음이다. 죽음, 더 정확하게 말하면 자살. 오늘 처
음 생각이 났는데, 지금도 그 생각을 하니 소름이 돋는다. 하
지만 나는 떠올려도 소름이 돋지 않을 정도로 그 생각과 친해
질 작정이다. 껴안고 싶을 만큼 죽음의 초상을 부드럽게, 온
순하게 만들려 한다. 자살이 세상에서 가장 비겁한 행동일지
라도, 또 그로 인해 좋았던 평판을 잃는다고 해도 내가 없는
데 그게 다 무슨 상관이겠는가. 살 수만 있다면 살고 싶었다.
하지만 억지로 질질 끌고 가는 이 비참한 삶은 삶이라 부를
수 없다. 치명적인 삶이기 때문이다.

(아우구스트 폰 플라텐, 1896년/1900년)

다른 우울증 증상들

우울증 환자들에겐 지금까지 설명한 증상들 말고도 다

---

* August von Platen, 1796~1835, 독일 시인

른 여러 가지 증상이 나타날 수 있다. 우울증 진단의 필수 요건은 아니지만 상담이 필요할 정도로 자주 나타나는 증상들을 꼽아 보면 다음과 같다.

자주 나타나는 우울증의 다른 증상들

- 걸핏하면 욱하고 화를 낸다.
- 불안하고 무섭다.
- 건강 염려증
- 잡생각
- 외로움
- 강박적 생각과 행동
- 리비도, 성욕의 상실
- 감정의 강화

걸핏하면 욱하고 화를 낸다

우울증은 모순적일 때가 많다. 무관심하면서도 화를 잘 낸다. 예전에는 안 그랬는데 자주 벌컥 화를 내고 일단 화가 나면 자제가 잘 안 된다. 그래서 아무 일도 아닌데 혼자서 길길이 날뛴다.

울적한 기분을 끝없는 비아냥과 비난으로 포장하는 경

우도 있다. 주변 사람들 눈엔 '불평꾼', '투덜이'다. 그래서 이런 말을 자주 듣는다. "예전에는 안 그랬는데 사람이 변했어." 하지만 정작 환자 자신은 새로울 것이 없는 사실이다. 그리고 돌이킬 수도 없다. 자기도 모르는 사이에 독설이 입에서 튀어나와 버리니 말이다.

불안하고 무섭다

우울증 환자의 절반 이상이 불안을 느낀다. 그러나 불안과 우울증이 형제자매 사이라는 사실을 알고 나면 그것도 그리 놀랄 일은 아니다. 그 둘이 같은 뿌리에서 나온 형제라는 사실은 '우울증'과 '불안'의 어원만 보아도 잘 알 수 있다. '우울증 depression'은 라틴어 deprimere에서 나온 말로 '내리누르다'라는 뜻이다(depressus = 내리눌린). '불안 Angst'은 라틴어 angere에서 온 말로 '목을 조르다, 질식시키다'라는 뜻이다. 우울한 사람은 무언가 짓눌려 제자리에 붙은 것처럼 앞으로 나아가기가 힘들다. 온 세상 근심을 자기 등에 짊어진 듯 '내리눌린' 기분이다. 불안하면 근육과 위장 시스템이 경련을 일으킨다.

불안은 공포증의 형태를 취할 수도 있다. 밖으로 나가는 것이, 혼자 있는 것이, 사람들과 어울리는 것이 무섭다. 그래서 마트에 장을 보러가는 것도 우울증 환자에게는 견디기 힘든 무서운 일이다. 사람들이 북적이는 미용실 의자에 앉아 있다는 상상만 해도 땀이 삐질삐질 솟아난다.

그 공포증이 발작처럼 솟구칠 때도 있다. 우울증을 앓던 62세의 러시아 교수도 그런 경험을 했다.

> 자정에 눈이 뜨이면 벌떡 일어난다. 당장 죽을 것만 같다. 왜 이런 생각이 들까? 몸에서 곧 죽을 것 같은 이상 징후가 느껴지는 것은 아니지만 어쩌다 붉게 물든 불길한 하늘을 올려다본 것처럼 섬뜩한 기분이 든다. … 맥박을 재 본다. 손에서는 맥박이 느껴지지 않아 관자놀이를 더듬고 턱에서 맥박을 찾다가 다시 손으로 돌아온다. 온몸의 피부가 땀에 젖어 차갑고 미끈거린다. 호흡이 점점 가빠지고 온몸이 벌벌 떨리며 창자가 꿈틀거린다. 얼굴과 대머리에 거미줄이 걸린 것만 같다. … 공포는 급작스럽고 동물적이다. 왜 이렇게 무서운지 그 이유를 도무지 알 수가 없다.
>
> (안톤 체호프, 1946년)

마지막 문장은 심리학의 중요한 진실을 담고 있다. 아마 당신도 경험해 본 적 있을 것이다. 한 번 불안이 시작되면 그 불안이 어디서 시작되었고 무엇 때문인지 알 수가 없다. 이유를 파악하거나 설명할 수 없다. 터무니없고 근거가 없다는 사실을 너무 잘 알면서도 불안을 쫓아 버릴 수 없다. 현대 두뇌 연구 결과 덕분에 우리는 왜 우울증 환자들이 그런 불안을 느끼는지 알게 되었다. 불안을 제어하는 뇌 부위가 일시적으로 정상 작동을 하지 못하기 때문이다.

건강 염려증

불안은 다양한 모습을 띨 수 있고 온갖 방향으로 나아갈 수 있다. 불안이 몸의 건강 쪽으로 방향을 틀면 환자는 하루 종일 건강을 걱정한다. "소화가 안 되고 늘 피로한데 대장암이 아닐까?", "심장이 이렇게 뛰다가는 심장마비로 죽을지 몰라.", "자꾸 까먹는데 치매 아냐?"

데카르트의 말처럼 몸과 마음은 둘이 아니다. 그래서 우울증에 걸린 사람은 몸도 편안하지가 않다. 극심한 압박감은 변비, 대장 기능 약화, 감기, 전두동염 같은 질환을 일으킨다.

이런 건강 염려증이 전혀 근거가 없는 것은 아니다. 우울증 환자 세 명 중 한 명은 통증을 달고 산다. 모든 사람은 약한 부분이 있다. 어떤 사람은 머리가, 어떤 사람은 장이, 어떤 사람은 등이 약하다. 대부분 통증은 바로 그 취약한 부위에서 발생한다. 우울증 환자는 가슴 통증도 잦은데, 그러면 환자는 이러다 심장발작이 일어나는 건 아닌가 걱정에 휩싸인다. 통증도 사람에 따라 형태가 다르다. 찌르는 것 같은 통증, 쑤시는 것 같은 통증, 때리는 것 같은 통증, 깨무는 것 같은 통증, 불에 덴 듯 화끈거리는 통증 등 다양한 모습이다.

가슴과 위가 누가 쥐어뜯는 것처럼 아팠다. 하지만 몸에 이상이 있는 건 아니었다. 내과 의사가 꼼꼼하게 살폈다. 위장은 정상이었다. 심장 관상혈관이 좁아진 것도 아니었다. 통증이 있는 부위의 모든 것이 지극히 정상이었다. 나는 의사에게 내가 느끼는 통증은 잘려나간 미지의 장기에서 오는 것이라고 말했다. 우울증이 시작되면서 그 장기를 잃어버린 것 같다고 말이다.

통증 부위의 혈액순환도 나무랄 데가 없었다. 하지만 나는 의사에게 이 부위의 신경이 내 두뇌로 정보를 제공하고 있다고 말했다. 그 미지의 장기가 아직 존재하거나 나의 두뇌가 그 장기의 상실을 받아들이지 못했다고 말하고 있다고.

내 가슴에는 그루터기가 남았다. 나는 그 잘려 나간 장기를 '의욕'이라, '의지력'이라, '영혼'이라 부를 것이다. 눈에 안 보이는 톱으로 잘려 버린 영혼의 환상통이 나를 괴롭혔다.

때로는 그 통증이 너무 강렬해 나는 꼼짝도 못하고 누워만 있었다.

(로히 위흐, 2004년)

잡생각

머리를 떠나지 않는 생각도 고통일 수 있다. 우울증을 앓는 환자들은 대부분 생각이 너무 많다. 생각이 제자리에서 맴돈다. 같은 생각이 하루 종일 머리를 떠나지 않는다.

아침에 눈을 뜰 때부터 시작된 생각이 하루 종일 따라다니며 진을 뺀다.

외로움

잡생각은 외롭다는 느낌을 동반한다. 하루 종일 생각에 빠진 자신을 스스로도 이해할 수가 없기 때문이다. 생각을 멈추려 아무리 용을 써도 소용이 없다.

> 방에 들어가 문을 닫아걸고 전화를 꺼 버리고 싶은 마음이 굴뚝같다. 방해받지 않고 곰곰이 생각을 해야 한다. 하지만 그래봤자 한 발자국도 진전은 없을 것이라는 것을 누구보다 잘 안다. 이유는 간단하다. 어떤 방식으로 고민을 해야 할지 모르기 때문이다. 고민을 해 봤자 해결책을 찾기는커녕 생각을 할수록 점점 고독으로 빠져들어 가 다시는 헤어 나오지 못할 것만 같다.
>
> (안나 블라만*, 1992년)

인간관계를 거부하고 혼자 있으려 할수록 관계 결핍은 더욱 크게 느껴진다. 여기서도 다시 모순이 등장한다. 무엇에도 관심이 없고 의미를 부여하지 못하지만 그러면서도 이

---

* Anna Blaman, 1905~1960, 네덜란드 작가, 본명 Johanna Petronella Vrugt

런 관계의 결핍이 아프게 다가온다. 환자의 감정은 모순적이다. 모든 것에 '대처하려면' 혼자만의 시간을 가지며 잠시 쉴 필요가 있지만 그러면서도 사람들 틈바구니에 있고 싶다. 사람을 선뜻 믿을 수 없지만 (자기 자신도 더 이상 믿을 수가 없기에 사람을 피하고 혼자 있으려고 한다) 그러면서도 사람들을 향해 손을 내밀며 이 참담한 고독에서 벗어나려고 애쓴다.

고독의 원인은 두 가지이다. 첫째는 환자 스스로가 파트너, 가족, 친구들과 거리를 두려 하기 때문이다. 둘째는 정작 그들이 그와 거리를 취하려 하면 서운하기 때문이다. 다른 이들이 그의 고통을 겁내고 그를 보며 불안해한다는 것을 느끼기 때문이다. 그래서 환자는 자신의 인간관계에 불만을 품게 되거나, 오래전부터 느껴 왔던 불만을 전보다 더 크게 느끼는 것이다.

강박적인 생각과 행동

우울증은 강박적 생각과 행동을 동반할 수 있다. 울적한 생각이 일단 한 번 떠오르면 절대 사라지지 않는데 아무리 떨치려고 애를 써도 소용이 없다. 또 특정 행동을 계속 반복하는데, 머리로는 근거가 없다는 것을 잘 알면서도 도저히 멈출 수가 없다. 환자는 일종의 미신에 빠져든다. '이렇게 하지 않으면 불길한 일이 생길 거야.' 다들 어릴 때 그런 경험이 있을 것이다. 횡단보도를 건너다가 금을 밟으면 큰일이 날 것 같은 기분 말이다. 나도 어릴 때 밤마다 자기 전에 방 커튼이 꼭 닫혔는지 살핀 기억이 난다. 조금이라도 틈이 벌어져 있으면 큰일이 날 것 같았다. 예를 들어 엄마가 돌아가신다거나 뭐 그런 끔찍한 일이 터질 것만 같았다.

그러니까 강박적 생각과 행동 뒤편엔 항상 불안이 숨어 있다. 강박적 생각과 행동은 그 불안을 쫓기 위한 노력인 것이다.

어느 50세의 남자 이야기를 들어 보자.

셔츠 소매를 채 2분도 가만히 두지 못했다. 열심히 접어 올렸다가 다시 열심히 펴서 내렸고 커프스 단추를 정성껏 채웠다가 금방 다시 열었으며, 이 무의미한 행동의 의미가 내 실존의 핵심에까지 미칠 것처럼 처음부터 그 행동을 다시 시작했다. 창문을 모조리 열어젖혔다가 한기에 밀려 폐소 공포가 잦아들면 내가 아니라 다른 사람이 창문을 다 열어젖힌 것처럼 다시 창문을 꽁꽁 닫아걸었다.

(필립 로스, 1994년)

리비도, 성욕의 상실

우울증은 억제, 의욕 상실, 감정 결핍, 불쾌감, 무감각이다. 섹스는 그것의 정반대 말이다. 마음이 가는 대로 몸을 풀

50

어 버리는 열정, 활력과 격한 감정, 황홀에 이를 수 있는 쾌감이다.

성욕의 상실은 환자 자신뿐 아니라 파트너에게도 문제가 된다. 상대의 요구에 응할 수 없기에 죄책감도 생겨난다.

그런 일이 일어날 수 있다고는 평생 들어 본 적도 예상한 적도 없었다. 그녀는 그를 진심으로 사랑했고, 그의 따뜻한 마음을, 그의 부드러움과 정조를 정말 소중히 생각했다. 하지만 그의 손길이 몸에 닿는 상상만 해도 소름이 돋았다. 그가 다가오면 거북이나 뱀 같은 차가운 동물이 떨어진 것처럼 어깨를 흔들었다. 그녀는 그 마음을 숨길 수 없었고, 암울한 새 날이 시작되는 아침보다도 밤이 찾아오는 것이 더 무서웠다. 너무 잘해 주는 남편에게 상처를 주지 않으려고 사력을 다했지만 소용없었다. 그녀는 핑곗거리를 찾았고 남편에게 혼자 멀리 가서 즐기라고 권했으며 같이 있는 것이 너무 끔찍해서 그 순간을 피하려고 계속 노력했다.

(프레데릭 반 에이던, 1907년)

감정의 강화

감정이 무뎌지지 않고 오히려 더 강렬해지는 환자들이 있다. 나는 환자가 아니라서 우울증일 때 어떤 기분일지 알 수가 없으므로 다른 작가의 입을 빌어 그 증상을 설명해 보려 한다.

무뎌지기는커녕 더 예리해지고 강렬해졌다. 지금까지 캡슐에 갇혀 살다가 갑자기 캡슐이 사라진 느낌이었다. 완전히 발가 벗긴 기분이었다. 나는 헐벗고 상처 입은 영혼이었다. 껍질이 벗겨진 인격이었다. 경험이라는 빙초산이 가득 든 유리병에 떠 있는 두뇌였다.

(마트 하이흐, 2016년)

이 장을 마치기 전에 마지막으로 특수 연령 집단, 즉 아동과 노인의 우울증에 대해 조금 더 설명하고 싶다. 이 두 집단의 우울증은 표현 방식이 다르기 때문에 못 보고 지나치기가 쉽다. 고령화 추세에 발맞추어 빠른 속도로 늘어나는 노인들부터 시작하기로 하자.

노인 우울증

발현
네덜란드의 유명한 카바레스트, 톤 헤르만스Toon Hermans 는 노년에 여러 차례 우울증을 앓았다. 처음 우울증이 발생했을 때의 심정을 그는 이렇게 표현했다.

> 내 정신이 물병이라면 물이 서서히 병에서 빠져나가는 것 같
> 은 기분이었다. 매일매일 병이 조금씩 더 비어 가고 더 의욕이
> 사라지는 느낌이 들었다.
>
> (톤 헤르만스, 1990년)

노인 인구의 약 2퍼센트가 우울증을 앓는다. 이들의 경우 최소 다섯 가지 증상이 나타나는데, 그중 최소 한 가지가 우울증의 주요 증상이다. 이 비율은 65세 이하 성인의 우울증 발생 비율보다 낮다. 18세에서 65세까지의 성인 중에는 4퍼센트가 우울증을 앓는다. 하지만 이 통계 결과에는 우울 증상을 앓는 사람, 다시 말해 경증 우울증을 앓는 사람은 포함되지 않는데, 노인의 경우 약 10~20퍼센트가 여기에 해당된다. 가령 우울증의 다섯 가지 증상이 전부 다 나타나지는 않아서 서너 가지 증상만 나타나거나 다섯 가지 이상이 나타나지만 우울증의 주요 증상 중 한 가지가 포함되지 않는 경우다. 하지만 이런 경증 우울증을 얕봐서는 안 된다. 진단 기준에는 맞지 않지만 진단 기준에 맞는 우울증만큼 괴롭고 의욕을 떨어뜨릴 수 있다. 또 (진짜) 우울증으로 발전할 위험도 높다.

위의 수치는 가정에서 사는 노인들만을 조사한 결과

다. 요양원이나 양로원 같은 시설에 사는 노인들의 경우 우울증을 앓는 비율이 최고 10배 더 높다.

이유와 위험 요인

노인 우울증은 왜 생기는 것일까? 전문가들은 한 목소리로 상실이 중요한 요인이라고 답한다. 배우자나 자식의 죽음, 가족에게 외면당하거나 버림받은 경험, (강요된) 이사, 퇴직으로 인한 사회적 지위의 상실 등이 대표적인 상실의 경험일 것이다. 이런 큰 사건은 수많은 작은 불쾌한 결과를 낳는다. 가령 배우자가 세상을 뜨면 혼자 식사를 해야 하고, 무서워 밤에 산책을 하지 못하며, 집안일을 혼자 감당할 수가 없다. 배우자의 건강이 나빠지면 장기간 간병을 해야 할 수도 있고 그러다 보면 생활이 엉망이 된다. 간병과 책임으로 인한 걱정도 큰 부담이 아닐 수 없다. 그래서 미국 심리학자 래저러스Lazarus는 대형 사건보다 오히려 '일상의 골칫거리daily hassles'가 신체적, 정신적 붕괴를 더 잘 예보할 수 있다고 말했다.

건강의 상실도 중요한 요인이다. 만성폐쇄성폐질환COPD, 신장병, 뇌졸중, 심부전, 류머티즘, 만성 통증, 이명, 파킨슨, 치매 같은 만성 질환을 앓는 노인에게서 우울증이 더 많이 나타난다. 치매를 떠올리면 우리 아버지가 생각난다. 아버지는 58세에 파킨슨 진단을 받았고 몇 년 후에는 치매에 걸렸으며 65세부터 1년 동안 우울증을 앓았다. 아버지의 우울증은 파킨슨 병 때문이 아니라 파킨슨 치료제 때문이었을 가능성도 있다. 이런 의약품들의 부작용 중 하나가 우울증이기 때문이다. 노인들에게 대량으로 처방되는 수많은 다른 약품들 역시 부작용에 우울증이 포함된다. 가령 진정제, 콜레스테롤 저하 약품, 항생제, 수면제(벤조디아제핀계 약물), 진통제, 류머티즘 약, 코르티코스테로이드제, 혈압 약(베타 차단제)을 (장기) 복용하면 (혹은 갑자기 끊으면) 우울증이 발생할 수 있다. 특히 혈압 강하제는 십중팔구 우울증이 발생한다.

만성 질환은 생활의 의존도를 높일 뿐 아니라 사회 활동에도 부정적 영향을 미친다. 그것은 심각한 문제다. 고독은 우울증을 포함하여 수많은 신체 질환과 정신 질환의 중요한 위험 요인이기 때문이다. 귀가 잘 안 들리거나 귀가 먹은 노인들이 우울증에 더 많이 걸리는 이유도 이것이다. 누군가 말했듯 "눈이 멀면 물건을 빼앗기지만 귀가 멀면 사람을 빼앗긴다." 지금까지 열거한 모든 요인들은 노인에게만 해당되는 사항은 아니지만 노인에게서 더 자주 나타나는 현상이다.

노인의 경우 전두엽 기능 저하도 우울증의 한 원인이다. 전두엽은 인간의 성장 과정에서 가장 마지막으로 (25세는 되어야) 완성되며, 가장 먼저 퇴화하는 기관이다. 이것의 기능이 떨어지면 계획, 결정, 사고 조직, 감정 조절의 능력도 떨어진다. 또 사고의 유연성이 줄어들고 기억력이 떨어지며 자제력이 줄어든다. 그 결과 과도하게 짜증을 내고 부정적인 생각을 반복할 수 있다.

인지

우울증에 걸린 노인들은 병원에 가서 먼저 신체 증상을 호소한다. 가령 피곤하고 기운이 없고 잠을 못자고 짜증이 나며 통증이 심하고 입맛이 없고 집중을 통 못하겠다고 하소연을 한다. 이런 저런 만성 질환을 앓는 경우 당연히 관심이 그 질환으로 향할 것이므로 우울증을 미처 인식하지 못할 위험이 높다. 만성 질환이 없다고 해도 일반의는 신체 질환을 우선적으로 고려한다. 하지만 나는 영어로 처음 읽은 이 문장이 정말로 정확하다고 생각한다. "The presence of a reason for the depression is not a good reason to ignore the presence of a depression(우울증의 이유가 있다는 것이 우울증을 배제할 충분한 이유는 아니다)." 일반의들이 얼른 우울증이라고 생각하지 못하는 또 다른 이유는 노인들의 우울증이 극단적인 우울과 공허감 대신 의욕 상실과 무감각으로 나타나는 경우가 많기 때문이다. 또 의사뿐 아니라 노인들 스스로가 증상을 속단하는 경향이 높다. "이렇게 몸이 아픈데 무슨 의욕이 있을 것이며, 사는 게 뭐가 그리 즐겁겠어"라고 말이다.

따라서 오진을 줄이기 위해서는 일반의(혹은 노인을 보살피는 간병인)들은 만성 질환이 없는 노인들에게도 아래 두 가지 질문을 반드시 던져야 한다(Whooley 외, 1997년).

- 지난 한 달 동안 우울감이나 절망감을 자주 느꼈습니까?
- 지난 한 달 동안 의욕이 없고 웃을 일이 없는 상태가 자주 있었습니까?

노인 환자가 이 질문 중 한 가지라도 "네"라고 답한다면 일반의는 우울증 진단을 내려야 한다. 이 질문을 하지 않을 경우 우울증 10건 중 7건은 발견하지 못한다.

배우자나 부모님, 조부모님의 우울증이 염려된다면 당신이 직접 이 두 가지 질문을 던져 볼 수도 있다. 최소 한 가지 질문에 "그렇다"라는 대답을 하면 우려를 표현하고 가까운 병원을 가 보자고 권유하라.

아동 우울증

오랫동안 사람들은 아동과 청소년은 우울증에 걸리지 않는다고 믿었다. 하지만 그사이 우리는 우울증이 매우 이

른 나이에도 발생할 수 있으며 심지어 아동에게 큰 문제가
된다는 사실을 알게 되었다.

발현

4세에서 6세 사이 아동의 경우 취학 전 아동은 약 1퍼
센트, 취학 아동은 약 2퍼센트가 우울증을 앓는 것으로 추
정된다.* 사춘기가 시작되면 비율이 4~7퍼센트로 높아진다
(Avenevoli 외, 2008년). 아동의 경우 남녀 차이가 없지만 청
소년기가 되면 달라진다. 15세가 되면 여성이 남성보다 두
배 더 우울증에 걸릴 확률이 높다.

중증 우울증의 완치 기간은 7~9개월이다. 하지만 한
번 걸리면 완치가 되더라도 다시 우울증에 걸릴 위험이 높
다. 아동의 2/3 이상이 완치 후 5년 내에 다시 우울증에 걸
린다.

이유와 위험 요인

미국 작가이자 기자인 엘리자베스 워첼Elizabeth Wurtzel은
열두 살에 처음 우울증을 앓았고 그 이후 여러 번의 우울 에
피소드를 겪었다. 그녀는 세계적인 베스트셀러 『프로작 네

• 한국을 비롯하여 네덜란드, 노르웨이, 독일, 벨기에, 프랑스 등 유럽연합
21개국과 아시아의 일본과 홍콩, 북미의 미국과 캐나다 그외 호주 등 27개국이
만 6세에 초등학교에 입학한다.

이션』에서 우울증의 원인을 추적하였고 그것이 유전적 소
인과 충격적 사건들의 결합이라는 결론을 내렸다. 유전적
소인에 대해서는 이렇게 적었다.

> 몇 년이 지난 지금에서야 나는 우리 가족에게 불행의 인자가
> 있다는 사실을 인정하게 되었다. 아버지 쪽으로 수많은 세대
> 가 그런 일을 겪었기에 나는 왜 아무도 (방법은 모르겠지만)
> 끝장을 내지 않았는지 궁금하다.

> 청소년 시절의 충격적 사건은 이런 모습이었다.

> 부모님이 이혼하였으므로 나는 여자가 가장인 집에서 자랐
> 다. 엄마는 늘 일이 없거나 파트타임으로 일을 했고 아버지는
> 무관심하거나 부차적 역할만 했다. 평생 한 번도 돈이 충분
> 했을 때가 없었다. 엄마가 부양 의무 위반과 의료비 미지급을
> 이유로 아빠에게 소송을 걸자 아빠는 종적을 감추고 말았다.
> (엘리자베스 워첼, 1994년)

엘라자베스 워첼의 말이 옳다. 대부분의 경우 우울증은
명확한 원인이 없다. 또 많은 다른 질환이 그렇듯 우울증도
다양한 요인의 결합인 경우가 대부분이다. 하지만 전문가
들은 아래 요인들을 가장 흔한 요인으로 꼽는다.

- 유전적 소인
- 왕따와 따돌림
- 장애로 인해 또래 아이들과 어울리지 못함
- 충격적이거나 중대한 사건(이혼, 사고, 학대, 성폭행, 가족의 죽음)

그러니까 어찌 보면 어린 시절에 너무 많은 불행을 겪지 않는 것만 해도 이미 큰 행복일 것이다.

인지

아동도 우울증의 병상은 성인과 대체로 같다. 하지만 연령이나 성장 수준과 관련된 몇 가지 차이점이 있어서 조기 발견을 어렵게 한다(Ninderaa와 Dekker, 1999년). 먼저 우울증이라고 해서 아이의 기분이 하루 종일 부정적이지는 않다. 친구가 있으면 잠시 기분이 좋아질 수 있다. 하지만 우울증인 아이들은 대체로 친구들에 비해 잘 뛰어놀지 않는다. 또 놀더라도 의욕이 없기 때문에 자발적이지가 않다. 운동을 하고 싶은 마음도 없다. 아이들은 슬프다거나 우울하다고 말하지 않고 심심하다고 한다.

우울증과 전혀 관련이 없어 보이는 문제 행동 탓에 우울증의 신호를 놓치는 경우도 많다. 학교를 빼먹고 버릇없거나 고약한 행동을 하고 친구를 왕따시키고 친구를 괴롭혀 주변 사람들과 갈등을 일으킨다. 집중력 장애와 의욕 저하는 학교 성적을 떨어뜨릴 수 있다. 또 동반되는 신체 증상 때문에 우울증을 발견하지 못하는 경우도 많다. 복통과 두통이 가장 흔한 증상이다. 우울증 아동은 잠을 잘 못 자고 식습관이 좋지 않기 때문에 쉽게 피로를 느끼고 병에 걸리기도 쉽다.

분리불안이나 공포증 같은 불안장애가 동반되는 경우도 많아서 이 역시 올바른 진단을 방해한다. 또 우울증 아동은 열등감으로 인해 사회 활동을 꺼린다. 정반대로 문제가 많은 또래 친구들과 어울려서 술을 마시고 담배를 피우는 경우도 있다. 부모님이나 선생님의 말을 안 듣고 화를 잘 내기 때문에 주변 사람들의 사랑을 받지 못하고, 그것이 다시 그들의 부정적 자아상을 부추기는 악순환이 되풀이되는 것이다.

우울증 진단은 아동과 부모님 모두를 상담한 후에 내리는 것이 좋다. 아동은 자신의 심리 상태를 가장 잘 설명할 수 있는 사람이고 부모는 아동의 행동을 가장 잘 설명할 수 있는 사람이기 때문이다.

2장

"어떻게 도울 수 있을까?"

우울증 환자를 돕는 방법

우울증을 앓는 아들을 둔 엄마는 이렇게 말한다.

열여덟 살 아들이 약 아홉 달 전부터 우울증을 앓고 있습니다. 처음에는 저도 남편도 눈치를 전혀 못 챘어요. 행동이 변하긴 했지만 사귀던 여자 친구랑 헤어졌거나 말 못 할 걱정이 있는 줄 알았죠. 다행히 6개월 전에 아이가 피로와 식욕부진이 너무 심해 내과를 찾았습니다. 몸에는 아무 이상이 없었으므로 의사는 아이를 정신과로 보냈고 그곳에서 우울증 진단을 받았습니다. 아이가 자주 불같이 화를 내고 너무 공격적이어서 그게 제일 힘들어요. 가만 내버려 두라고 짜증을 부리거든요. 그 말을 정신과 의사에게 했더니 남자들은 마음이 힘들 때 도망을 치려고 하기 때문에 우울증이 짜증으로 나타날 수 있다고 하더라고요. 특히 청소년의 경우 '말하고 싶지 않아'

증상으로 나타나는 경향이 많다고요. 그걸 알고 나서는 아이한테 야단을 안 칩니다. 그저 아이가 필요하다고 할 때 옆에 있어 주려고 노력하지요.

우울한 가족을 대하는 당신의 행동 방식은 질병의 회복에 큰 영향을 미친다. 지지하면 회복을 촉진할 수 있지만 자칫 잘못된 반응으로 회복을 더디게 만들 수도 있는 것이다.

따라서 이 장에서 나는 당신에게 여러 가지 조언을 전달해 주고자 한다. 우울증에 걸린 가족에게 무엇이 도움이 될지, 하지 말아야 할 행동은 무엇인지 설명할 것이다.

하지만 그에 앞서 먼저 살펴볼 지점이 있다. 우울증에 걸린 가족은 진정으로 당신의 도움을 바랄까? 많은 환자의 가족이 품는 의문이다. 수도 없이 도움의 손길을 내밀었지만 번번이 거절당하면 누구나 절로 그런 의문이 들 테니까 말이다.

당신의 도움이 필요할까?

간단명료하게 대답하겠다. 우울증을 앓는 가족에겐 정말로 당신의 도움이 필요하다. 하지만 이 사실도 잊지 말아야 한다. 우울증을 앓는 가족을 옆에서 도와주기란 결코 생

각처럼 간단한 문제가 아니다.

이런 사정을 조금 더 구체적으로 설명하기 위해 아래에서 우울증을 앓는 아내와 아내를 낫게 하려고 최선을 다하지만 번번이 거절당하는 남편의 대화를 잠깐 소개하겠다.

"나도 이제 넌더리가 나. 당신이 무슨 유리그릇도 아니고 매번 이렇게 조심해야 하니 원, 당신을 도우려고 애를 쓰는데 당신은 화만 내. 난 잘못한 적 없어." 그가 말한다.

안다. 그의 말이 옳다. 하지만 그를 보면 늘 무지막지하게 화가 난다. 절망감이 밀려오기도 하고 양심의 가책도 들어 나는 울음을 터트린다. 그의 도움에 신물이 난다. 계속 나를 환자 취급하는 남편을 정말 못 견디겠다. "도와달라는 게 아냐. 그냥 곁에 있어 주기를 바라는 거지." 내가 말한다. 뭐가 다른지 모르겠다는 표정으로 그가 날 바라본다. "난 치료사가 필요한 게 아냐. 남편이 필요한 거라고." 남편이 대꾸한다. "치료사 노릇하려고 한 적 없어. 나더러 어쩌라는 거야?" 내가 말한다. "내가 당신한테 기분이 엉망이라고 말할 때는 당신하고 어떤 약을 먹을지 상담하려는 게 아냐. 억지로 적당한 표현을 찾아 당신의 질문에 대답하려는 게 아냐. 응원을 바라는 것도, 선의의 조언을 바라는 것도 아냐."

"그럼 뭐야?" 남편이 묻는다.

"그냥 날 꽉 붙들어 줘. 내 옆에 앉아서 나를 안아 줘. 내 기분이 어떤지 설명하려고 내가 애써 적당한 말을 고를 때 그냥 귀 기울여 들어 줘. 이해하기 쉬운 의학적 표현이 뭔지 계속 고민하지 않아도 되게끔. 어떻게 해야 나아질까, 당신은 그런 고민을 할 필요가 없어. 당신한테 그걸 기대하는 게 아냐. 어차피 그건 불가능해. 하지만 당신은 제대로만 하면 당신이 날 낫게 할 수 있다고 믿는 것 같아." 우리 두 사람은 한참 동안 입을 다문다. 마침내 그가 입을 연다. "마샤. 나도 힘들어. … 나빠지는 당신을 보고 있으면 무서워. … 난 당신을 잃었어. 무슨 짓을 해도 당신을 되돌리지 못해."

그날 아침 처음으로 우리는 같은 마음이 된다. "나도 알아." 내가 말한다.

(마샤 매닝, 1996년)

가족을 향한 당신의 사랑이 클수록 그를 제대로 도와 주기가 더욱 힘이 든다. 이유는 무엇보다 우울증을 향한 당신의 저항감이다. 당신은 가족이 예전과 다르지 않기를 바란다. 가족이 예전과 다르다는 사실을 받아들일 수 없다. 그러기에 당신의 모든 말과 행동에는 자기도 모르는 사이 이런 의미가 담긴다. "다시 정상으로 돌아와. 예전의 너를 되찾고 싶어." 아픈 가족을 제대로 도와주고 싶다면 그의 질병을 받아들여야 한다. 이에 대해서는 마지막 장에서 다시 한 번 상세히 다루어 보기로 하자.

달라진 가족이 예전보다 더 나은 사람이라면 아무 문제가 없을 것이다. 하지만 우울증은 그렇지 않다. 셰익스피어의 『베니스의 상인』에 나오는 한 인물도 이렇게 말했다. "이놈의 우울증 때문에 완전 멍청이가 다 되어서 내가 누군지도 모를 참이야." (윌리엄 셰익스피어, 1984년)

관계를 유지하라

몸이 아파 본 적이 있는가? 팔이나 다리가 부러져 남의 도움을 받아야 했던 때가 있었는가? 그런 경험이 있다면 도움을 부탁할 때 어떤 기분이었는지도 기억이 날 것이다. 아마 양가감정이 들었을 것이다. 도움을 바라지만 또 바라지 않는 모순된 기분이 들었을 것이다. 바로 그 양가감정을 우울증 환자들은 우리보다 두 배, 세 배 더 크게 느낀다.

유명한 네덜란드 정신과 의사 피트 카위퍼르Piet Kuiper는 자서전에서 중증 우울증을 앓았던 자신의 경험담을 이렇게 적었다.

우울증 환자와의 관계는 여러 가지 이유에서 엄청나게 무거운 짐이다. 무슨 짓을 해도 옳지 않다. 우울증 환자는 일체의 관계를 멀리한다. 하지만 사람들이 관계를 끊으면 버림받은 기분이 된다. 죽고 싶어 미칠 것 같았을 때 누군가 날 찾아오 겠다고 하면 나는 말했다. "와도 소용없어. 난 죽고 없을 테니까." 찾아오겠다는 사람이 아무도 없을 땐 이런 생각이 들었다. "난 정말 죽었어. 아무도 날 걱정하지 않아." 날 찾았던 사람들이 나중에 고백했다. 불안과 미친 생각의 제물이 된 나를 보는 게 너무나 견딜 수가 없어서 나한테 올 때마다 발걸음이 무거웠노라고. 하지만 접촉을 피하고 그를 아예 찾지 않는 것보다는 환자가 응할 수 없다 해도 접촉을 제안하는 편이 훨씬 낫다. 아무도 환자에 대해 묻지 않는다면 환자의 파트너와 친구들 역시도 버림받은 기분이 들 것이다. "내 딴에는 생각한다고 그랬지." 말은 멋지지만 틀렸다. 물론 너무나 사랑하는 사람이 "돌았다"고 남들에게 알려야 하는 상황이 부담스러울 것이다. 하지만 고통과 근심에 싸인 그를 혼자 내버려두는 것보다는 그 편이 덜 고통스러울 것이다.

(피트 카위퍼르, 1991년)

내가 하고 싶은 말은 명확하다. 우울증에 걸린 당신의 가족과 접촉하는 것이 예전보다 훨씬 힘들다고 해도, 아무리 봐도 당신의 가족은 접촉을 눈곱만큼도 바라지 않는 것 같아도 접촉을 유지하는 것이 중요하다. 늘 당신이 먼저 연락을 해야 한다고 해도 접촉을 유지하라. 우울증을 앓을 때는 법칙도 바뀐다. 당신의 가족은 어찌할 도리가 없다. 어쩔 수 없어 스스로를 가두는 것이며 먼저 연락을 취할 수 없기 때문에 연락을 못하는 것이다. 원치 않아서가 아니라 할 수 없기 때문이다.

한 우울증 환자가 내게 털어놓은 심정도 다르지 않았다. 아플 당시 그는 비록 자기 마음을 표현할 수는 없었지만 자신을 걱정하는 사람들의 연락이 좋았다고 말했다. "최악의 상태일 때는 깊은 검은 구멍에 빠져 있었다. 가끔 그 구멍 가장자리에 얼굴 하나가 나타났다. 그 얼굴이 희망을 주었다. 오롯이 나 혼자인 건 아니라는 기분이 들었다. 그 구멍 바깥에도 삶이 있고 거기서 누군가 나를 기다린다는 생각이 들었다."

환자가 몇 번 거절을 하더라도 파티나 생일잔치에 계속 초대를 하는 것도 중요하다. "난 네가 왔으면 좋겠어. 물론 싫다면 안 와도 괜찮지만." 이런 식의 부담 없는 권유로 환자를 자꾸 밖으로 나오게 만들 필요가 있다. 또 자신만 쏙 빼고 초대를 안 했다는 사실을 알게 되면 환자는 따돌림 당한 기분이 들 것이므로 부정적 자아상이 더 심해질 것이다. "다들 날 싫어하는 게 맞아."

판단하지 마라

우울증은 주변 사람들에게도 극도로 모순적인 감정들

을 불러일으킨다. 달아나고 싶지만 도와주고도 싶다. 그것
이 정상이다. 당신이 사랑하는 사람이 변해서 그의 마음이
당신으로부터 멀리 달아나 버렸다. 그래서 무섭다. 그래서
달아나고 싶지만 또 바로 그래서 도와주고 싶다. 우울증에
게 "오지 마!"라고 외치고 싶고 상대가 다시 예전으로 돌아
왔으면 좋겠다. 하지만 어떻게 도와야 할지 모르겠다. 아니
도움이 될 수 있을지조차 알 수가 없다.

당신의 머리에는 수많은 질문이 들끓는다. 어떤 말을
해야 하지? 어떤 행동을 해야 하나? 용기를 주고 기운을 북
돋아주는 것이 옳을까? 더 채근을 해야 할까? 그러다가 나
한테 너무 의존하게 되는 것은 아닐까? 저런 병이 생긴 것
이 내 탓은 아닐까? 얼마나 있어야 좋아질까? 좋아지기는
할까? 더 나빠지지는 않을까? 자살의 위험성은 얼마나 될
까? 자살을 막을 수 있을까?

환자뿐 아니라 자신도 걱정이 될 것이다. 내가 과연 이
런 상황을 견딜 수 있을까? 그가 내 직장으로 전화를 걸어
오면 어쩌지? 동료나 상사에게 사실대로 말해야 할까? 나
도 우울증에 '전염'되어서 엉망이 되는 것은 아닐까?

자녀가 있다면 자녀 걱정도 이만저만이 아닐 것이다.
환자한테 신경 쓰느라 아이들한테 소홀하지 않을까? 달라
진 집안 분위기에 아이들이 영향을 받지는 않을까? 어떻게
해야 나쁜 영향을 최소화할 수 있을까? 우울증에 대해 아

이들에게 설명을 해 주어야 할까? 한다면 어떻게 해야 최선일까?

안타깝게도 이 모든 질문에 완벽한 대답은 없다. 그냥 마음이 가는 대로 하고 나서 결과를 지켜보는 것이 좋다. 당신이 울적하고 슬플 때는 어떻게 해야 할지 그 질문의 해답도 고민해야 한다. 무엇 때문에 부정적인 기분이 드는지도 고민해야 한다.

가장 어렵지만 또 가장 중요한 것은 지금 섣불리 판단하지는 말아야 한다는 것이다. 판단을 하면 상대는 더 외로움을 느낀다. 상대에게 필요한 것은 예전보다 더한 애정과 소속감이다.

무슨 이야기를 할까?

당신이 우울증에 걸린 가족을 자꾸 피한다고 해도 충분히 이해할 수 있다. 그와 함께 있으면 즐겁지 않고 대화를 나누려고 해도 힘이 너무 많이 든다. 더구나 대체 무슨 말을 한단 말인가? 내 이야기를 해도 괜찮을까? 상대는 관심도 안 보이고, 이야기를 나누고 나면 더 울적해지는데 대화를 하는 게 무슨 의미가 있을까?

그렇더라도 예전과 똑같은 주제로 대화를 나누는 것이

좋다. 예전에 아이들, 가족, 일, 다른 사람들 이야기를 했다면 지금도 그런 이야기를 하라. 걱정스럽고 진지한 말투를 쓰거나 호들갑을 떨지 말고 예전과 똑같은 말투로 말을 건네야 한다. 예전과 똑같이 웃어도 괜찮다. 그런 식으로 우울증에 걸린 가족이 여전히 가족의 생활에 참여할 수 있도록 노력하라.

아마 당신은 이런 고민도 할 것이다. 우울증 이야기를 해도 괜찮을까? 그 이야기는 피하는 게 좋을까? 아니, 해도 괜찮다. 현재의 심리 상태에 대해 물어도 된다. 하지만 "좀 어때?"라는 말로 말문을 열어서는 안 된다. 이 질문은 거의 언제나 실망스러운 대답으로 되돌아올 것이다. 99퍼센트의 우울증 환자가 "응, 좋아"라고 대답할 테니까 말이다. 우리도 그런 질문을 받으면 똑같이 대답한다. "어때?"라는 질문은 표준 대답을 바라고 예의상 던지는 질문일 뿐이라는 사실을 살면서 배웠기 때문이다.

지금 당신이 보고 느끼는 것을 표현한 후 질문을 던지는 방식이 훨씬 낫다. 예를 들면 이런 식이다.

- 오늘 얼굴이 창백하네. 목소리도 쉰 것 같고. 기분이 안 좋아?
- 기운이 하나도 없어 보이네. 상태가 어떤지 물어도 될까?
- 다른 사람 같아. 내가 제대로 본 거야?
- 오늘 안 좋은 것 같은데, 맞아?

이런 질문은 대화의 물꼬를 틀 수 있다. 우울증 환자가 그 말에서 당신의 관심이 진짜임을 느낄 것이기 때문이다. 뻔한 질문이 아니라 진정한 관심을 담은 개인적인 질문을 던져야 한다.

당신이 진심을 담아 질문을 던져도 상대가 여전히 거리를 좁히지 않을 수 있다. 지금은 자기 이야기를 할 기분이 아닌 것이다. 그래도 당신의 질문은 그의 기억에 남을 것이고 그에게 '누군가에게 나는 소중한 사람이다'라는 느낌을 전할 것이다. 그러니 대답을 듣는 것보다 질문을 던지는 것이 더 중요하다.

만일 상대가 먼저 자기 이야기와 우울증 이야기를 꺼내거든 당신은 그저 귀 기울여 듣기만 하면 된다. 중간 중간 "더 할 말 없어?" 같은 질문으로 용기를 주는 것도 좋다. 사실 대부분의 우울증 환자들은 굳이 그런 질문을 할 필요도 없다. 알아서 자기 이야기를 털어놓는다. 많은 환자가 같은 이야기를 하고 또 한다.

네덜란드의 여성 작가이자 칼럼니스트인 티네커 베이스하위전Tineke Beishuizen도 힘든 시절 옆에 있어 준 친구들이 정말로 소중했다고 고백했다.

스트레스가 심해 우울증이 찾아왔던 그 시기에는 친구들하고 있을 때만 마음이 편했다. 친구들하고 있을 때는 마음껏

내 이야기를 할 수 있었고, 그럼 친구들은 차를 끓여 마시고 또 마시면서 내가 좋아질 때까지 내 말을 듣고 또 들어주었다. 덕분에 나는 훨씬 좋아졌고 문제도 잘 이겨 낼 수 있었다. 그러니까 달리 말하면 사회적 지지가 항우울제만큼 효과가 큰 것이다.

(티네커 베이스하위전, 2009년)

환자에게 관심을 보이고 싶다면 다음과 같이 말하는 것이 좋다. "정말 힘들겠구나.", "힘들어서 어떻게 하니." 이해한다고 말하지 마라. 그럼 우울증 환자는 곧바로 이런 생각을 하게 된다. "넌 이해 못 해. 안 겪어 봤잖아." 그러니 이렇게 말하라. "네 기분을 이해하려고 열심히 노력하지만 내 상상력이 턱없이 모자랄까 봐 걱정이야. 그런 일을 겪는다니 얼마나 힘들겠니."

우울증 환자에게는 왜 우울하냐고 물어서는 안 된다. 그럼 할 말이 없다. 환자 자신이 누구보다 오래 고민했지만 대답을 찾지 못한 문제니까 말이다. 힘을 북돋아 주는 방식으로 질문해야 한다. "지금까지 이 힘든 시간을 견뎠다니 정말 놀라워. 어떻게 견뎠니?" 그럼 그는 상태가 좋을 때는 최대한 자기 힘으로 집안일을 하고 친한 친구 몇 명과는 관계를 유지하려 노력 중이라고 대답할 것이다. 혹은 매일 정해진 시간에 일어나 밥을 먹고 세수를 하고 강아지 산책을 시키려고 애쓰고 있다고 대답할 것이다. 그렇게 당신은 그에게 아직 그에게 남은 능력을 상기시켜 줄 수 있다. 거기서 한 걸음 더 나아가 그런 그의 노력에 진심을 담아 칭찬을 전한다면 더 큰 도움을 줄 수 있을 것이다. 쉽게 닿을 수 없을 것 같아도 칭찬은 항상 도움이 된다. 설사 티를 내지 않는다고 해도 칭찬은 누구나 듣고 싶은 말이니까.

또 한 가지, 우울증 환자들이 쉽게 꺼내지 못하는 이야기가 자살에 대한 생각이다. 상대가 부정적으로 반응할까 두려워서, 또 죄책감 때문에 그 주제를 일부러 피한다. 가족이나 부모, 친구를 버리고 먼저 떠나고 싶은 사람이 어디 있겠는가? 따라서 당신이 먼저 이야기를 꺼내는 편이 낫다. "혹시 자살하고 싶다는 생각이 들어?" 괜히 빙빙 돌리지 말고 신중하지만 확실하게 대화를 그쪽으로 돌린다면 상대도 덜 당혹스러워 할 것이다. 자살을 생각한다고 해서 당장 자살을 저지를 위험이 있다는 뜻은 아니다. 상대의 생각을 더 상세히 알아야 할 것이므로 캐물어야 한다. "방법을 구체적으로 생각했어? 벌써 계획을 세운 거야?" 당신의 목소리에 공포가 실린다면 상대는 금방 입을 다물어 버릴 것이다. 그러니 가볍게 지나가는 투로 이야기를 꺼내는 것이 좋다. 그런 후 그가 곁에 없다면 당신이 많이 힘들 것이라는 점을 강조하라. 자살의 조건은 자신이 없는 편이 다른 사람들에게 더 낫다는 생각이다.

상대가 힘들다고 호소할 때는 내가 아무리 힘들어도 내 이야기는 하지 말아야 한다고 우리는 배웠다. 물론 좋은 규칙이다. 하지만 우울증의 경우 그 규칙을 지키지 않아도 된다. 우울증은 특이하게도 환자 스스로가 수치심을 많이 느끼는 질병이기 때문이다. 한 대기업 제약 회사가 수치심에 대한 연구를 실시한 적이 있다(www.volkskrant.nl). 결과를 보면 남성은 성적인 문제를 가장 부끄러워하는데 그다음으로 수치스러워하는 병이 우울증이라고 한다. 내가 이 책을 끝마칠 무렵 독일 국민 전체가 슬픔에 빠졌다. 독일 국가 대표 골키퍼 로베르트 엔케가 우울증을 견디지 못하고 스스로 목숨을 끊었기 때문이다. 우울증이라고 말하면 주변 사람들이 어떤 반응을 보일까 겁이 나고 부끄럽기도 해서 그는 아내와 심리 치료사 이외에는 누구에게도 자신의 병을 털어놓지 못했다. 당신이 먼저 고달픈 마음으로 견뎌냈던 힘든 시절의 이야기를 꺼내면 이런 수치심의 높이를 낮출 수 있다. 그러면 대화가 동등한 입장에서 진행될 것이다. 약점을 보인 당신은 아픈 상대와 동등한 위치로 내려서게 될 것이다.

뭔가 다른 일을 하고 있으면 말을 주고받기가 훨씬 수월하다. 예를 들어 같이 산책을 하거나 자전거를 타면 계속 서로를 마주보지 않아도 편하게 대화를 나눌 수 있다. 또 침묵의 순간이 찾아와도 크게 곤욕스럽거나 부담스럽지 않

을 것이다. 게다가 주변에 보이는 것, 들리는 것이 많을 테니 대화거리도 많을 것이다.

서로 마주 앉아서 대화를 나누지 않는 것이 더 좋은 이유는 더 있다. 우리는 어려운 일이 생기면 말로 해결하려는 습성이 있다. 그렇게 하는 것이 최선의 방법이라고 생각한다. 하지만 우울증 환자들은 그럴 기운조차 없을 때가 많다. 당신이 옆에 있었으면 좋겠지만 같이 이야기를 나눌 힘은 없는 것이다. 그래서 무엇이든 하면 함께 있기가 수월할 것이다. 당신도, 환자도 부담감이 덜할 것이다.

충고나 조언을 함부로 던지지 마라

어려운 일을 겪었던 적이 있는가? 사랑을 고백했다가 차였다거나 사랑하는 사람과 헤어졌다거나 배신을 당했다거나, 바라던 일자리를 구하지 못했다거나 실업자가 되었다거나 가까운 사람을 잃어 본 경험이 있는가? 그럴 때 부탁하지도 않았는데 누군가 당신에게 충고를 했던 적이 있는가? 만일 있다면 그 충고가 유익했던가?

내가 무슨 말을 하고 싶은지 당신도 짐작할 것이다. 개인적인 차원에서 문제와 씨름을 할 때는 그 어떤 충고도 달갑지가 않다. 그런 충고는 은연중에 이런 메시지를 전달하기 때문이다. "네가 그렇게 머리를 싸매는 문제의 답을 내가 (별로 오래 고민하지 않아도) 알지." 그런 충고는 당신이 고민하는 문제를 하찮게 만들어 버린다. 뿐만 아니다. 그런 충고는 두 사람의 관계를 불평등하게 만든다. 충고를 하는 사람은 "상대가 모르는 것을 자신은 안다고 생각하기에" 상대보다 위에 있다. 또 하나, 충고는 상대의 이야기를 너무 빨리 끝내 버린다. ("겨우 내 마음을 꺼내 놓으려는 찰나, 그가 충고를 던지며 내 말을 싹둑 잘라 버리더라고요.")

그런데도 우리가 우울증 환자에게 가장 많이 저지르는 실수가 바로 그것이다. 정보나 충고를 제공하는 것! 유명한 독일 정신과 의사 만프레트 뤼츠는 이렇게 말한다. "우울증 환자들을 괴롭히는 것은 우울증만이 아니다. '선의의 충고'로 우울증을 정말 참을 수 없게 만들어 버리는 '정상인'들도 환자에게 큰 고통을 안긴다."(만프레트 뤼츠, 2009년) 이런 종류의 충고들이 결국 하고자 하는 말은 같다. 그렇게 코 빠뜨리고 있지 마. 좋은 면을 봐. ("고개 들어. 넌 왜 그렇게 만사 비관적이니?") 그런 식의 말은 아무 도움이 안 된다. 그렇게 할 수 있었다면 환자는 진즉에 그렇게 했을 것이다.

자기가 들을 때는 질색하면서 왜 우리는 남들에게 충고를 던지는 걸까? 그 이유를 알면 유익할 것이다. 충고를 하고 싶어도 꾹 참을 수 있을 테니까 말이다.

첫째, 우리는 타인의 고통을 눈으로 보거나 귀로 들으

면 자동적으로 무언가 행동이나 말을 해야 한다고 생각한다. "그가 아무 이유도 없이 고민을 털어놓지는 않았을 거야. 나한테 충고나 해결 방안을 바라는 거야." 그러니까 상대가 이런 방식의 도움을 원한다고 생각하여 충고를 던지는 것이다.

둘째, 어떤 형태건 누군가를 도울 때 우리는 만족감을 느낀다. 우리의 뇌가 행복을 더 많이 느낄 수 있는 행복 물질을 전송한다. 우리의 충고가 상대에게는 도움이 안 될지 몰라도, 그보다 더 중요한 것은 우리 자신에게 도움이 된다는 사실이다. 팔은 안으로 굽는다.

셋째, 충고를 하면 공은 다시 상대에게로 넘어간다. ("네 이야기 다 듣고 내가 충고를 했으니까 이제 다시 네 차례야.") 더불어 충고를 던지면 무기력감에서 벗어날 수 있다. ("뭐든 바꿀 수 있어!")

하지만 무엇보다도 우리가 자꾸만 충고를 던지는 가장 중요한 이유는 우리의 두뇌. 우리의 두뇌는 빠른 해결책을 좋아한다. 어떤 종류이건 문제가 생기면 최대한 빨리 제거하고 싶어 한다. 특히 그 문제가 부담스럽고 행복을 위협하는 경우 더욱 그런 마음이 크다. 따라서 우리의 머리는 슬픔과 심리적 고통을 맞닥뜨리면 열정적으로 그 고통을 몰아낼 방도를 찾는다. 그것은 타고난 인간의 성향이기에, 시대를 막론하고 모든 인간이 갖는 특성이다.

이런 이유 때문에 충고를 참기란 보통 힘든 일이 아니다. 다들 그렇겠지만 나 역시 지금껏 몇 차례 가족이나 친구의 심리적 고통을 곁에서 지켜보았다. 그럴 때 충고가 아무 짝에도 소용없다는 것을 누구보다 잘 알면서 나도 모르게 입에서 충고가 튀어나오려 해서 놀란 적이 한두 번이 아니다. 솔직히 말하면 하지 말아야 한다는 것을 알면서도 충고한 적도 많다. 무력하게 지켜보고 있기가 그만큼 힘든 것이다. 특히 그 사람이 우리가 사랑하는 사람이라면 더더욱 참기가 힘들다. 그 사람의 고통을 어서 빨리 멈추고 싶은 마음이 굴뚝같을 것이기 때문이다.

그러니 당신이 자기도 모르는 사이 충고를 내뱉었거나 내뱉게 된다 해도 자신을 용서해라. 그리고 앞으로는 두 번 다시 그렇게 하지 않겠노라 결심하라. 이제부터는 선의의 충고가 튀어나오려거든 꽉 '이를 악물어라!'

친구와 가족들은 환자를 생각하는 마음에서 "정신 차려"라고 말하지만 그건 누워서 우는 아기에게 그런 말을 하는 것과 다를 바 없다.

우리는 할 수가 없다. 안 하는 게 아니다. 그냥 할 수가 없는 것이다. 하지만 우는 아기와 달리 어른의 두뇌는 그럴 수 있어야 한다는 것을 알고, 열심히 노력하기만 하면 실제로 그럴 수 있을 것이라고 믿는다. 그러기에 모든 노력과 실패는 또

한 번의 우울증을 보태고, 또 한 번의 희망 없는 깊은 절망을 동반한다. 가족과 친구가 경멸적 시선을 던질 때마다, 짜증 섞인 한숨을 내뱉을 때마다 우리는 저 바깥 깜깜하고 추운 밤으로 내쫓긴다.

우울증은 나름의 병리학을 동반한다. 자기중심적인 태도도 그 일부다. 중증 우울증 환자에게 이기적이고 자기 연민이 과하다고 말하는 것은 천식 환자에게 호흡에 문제가 있다고 말하는 것과 다르지 않다.

(샐리 브램턴, 2009년)

충고도 하지 마라, 좋은 말도 하지 마라, 그럼 무슨 말을 하라는 거냐고 당신은 물을지 모르겠다. 몇 가지 가능성을 보여 주기 위해 다음 쪽에 흔히 쓰는 부적절한 표현을 적고 그 옆에 더 나은 대안을 적어 보았다. 꼭 말을 해야 하는 건 아니라는 점도 잊지 마라. 네덜란드 여성 기자 잉어 디프만Inge Diepman이 언젠가 TV에 출연해 옛날이야기를 한 적이 있다. 당시 그녀의 아이가 출산 직후 숨을 거두고 말았는데 그녀를 찾아온 친구들이 하나같이 너무 위로해 주고 싶지만 무슨 말을 해야 할지 모르겠다고 고백했다. 그럴 때마다 그녀는 이렇게 대답했다고 한다. "빈손으로 와. 내가 이야기와 눈물로 그 손을 채워 줄 테니까."

부적절한 표현		권하고 싶은 표현
그렇게 심각한 건 아냐.	▷	정말 안 좋아 보이는구나.
별것도 아니구먼.	▷	힘들겠다.
더 힘든 사람들도 많아.	▷	내가 도움이 될 수 있으면 좋겠다만.
살다 보면 좋은 날이 올 거야.	▷	네가 이 힘든 시간을 이겨 낼 수 있게 도와줄게. 무슨 일이 있어도 난 네 편이야.
다 잘될 거야.	▷	날 믿어. 필요한 것이 있으면 언제든지 말하고. 네가 필요할 때는 언제든 네 곁에 있을게.
다 지나갈 거야.	▷	널 사랑해. (다정하게 쓰다듬는다.) 언제나 네 편이야.
기분 전환이 될 만한 걸 찾아봐.	▷	살다 보면 억울할 때도 많고 힘들 때도 많아. 내가 곁에 있을 때니 우리 함께 헤쳐 나가자.
받아들여.	▷	이해할 수 없는 일이 많지. 참기 힘든 일도 많고.
네가 할 수 있는 건 없어.	▷	정말 힘들어 보인다.
신의 뜻이야.	▷	믿겨지지 않아.
이쪽 문은 닫혔어도 다른 문이 열리겠지.	▷	너무 조급하게 생각하지 마. 기다릴게. 오늘 할 수 있는 것부터 하자. 네가 원한다면 내가 도와줄 테니까.
이렇게 된 거 어쩌겠어. 별 도리가 없지.	▷	뭐라 해 줄 수 있는 말이 없어. 그래도 가까이 사니까 전화 한 통만 해. 얼른 차 타고 달려갈 테니까. 넌 혼자가 아냐.

고개 들어!	▶	괜찮아. 시간이 걸릴 뿐이야. 좀 많은 시간이 걸릴 테지만 그럼 좀 어때.
다른 사람들도 다 그러고 살아.	▶	나보다 훨씬 심하구나.
너만 그런 거 아냐.	▶	네가 이렇게 힘들어 하니까 내 마음이 무거워.
다 잊고 앞만 보고 걸어가!	▶	좋아지기를 기도할게.

출처: 클로디어 J. 스트라우스, 2004년

말을 자르지 마라

충고에 이어 우울증 환자의 가족이 자주 저지르는 또한 가지 실수는 상대가 무엇이 필요한지 자신이 판단하는 것이다. 절대 상대를 무능력자 취급하지 마라!

남의 생각을 읽을 수 있는 사람은 없다. 당신도 마찬가지다. 앞서 보았던 우울증 여성과 그 남편의 이야기를 다시한 번 떠올려 보라. 남편은 아내를 돕기 위해 안 하는 짓이없지만 무슨 짓을 해도 아내의 화만 돋운다. 다행히 두 사람은 서로에게 한 발짝 더 다가설 수 있었다. 어떻게? 남편이생각 읽기를 멈추고 아내에게 어떤 도움을 원하는지 물었다. "나더러 어쩌라는 거야?", "나한테 바라는 게 뭐야?"

가족을 돕고 싶을 때 당신이 할 수 있는 최선은 뭐가 필요한지 묻는 것이다. "널 도와주고 싶어. 어떻게 해 주는 게너한테 제일 좋을까?"

정확한 대답이 돌아올 것이라 기대하지 마라. 당신의 가족은 우울증을 앓고 있고, 따라서 도움을 바라보는 마음도 양가적이다. 게다가 우울증에 걸리면 생각을 요하는 질문에 대답하기가 무척 힘들다. 그리고 정확한 대답이 돌아오지 않더라도 이미 당신은 큰 도움을 주었다. 질문을 던지는 것 자체가 도움이다. 당신의 가족은 혼자가 아니라고 안도할 것이고 도와주고자 하는 당신의 마음을 느낄 것이다. 그것이 제일 중요하다.

협정을 맺어라

우울증은 하루 일과를 엉망진창으로 만든다. 환자의 생활이 뒤죽박죽된다. 아무 때나 자고 소파에서 뒹굴고 집안일을 소홀히 한다. 특히 파트너가 그런 상태가 되면 당신의 생활도 따라 엉망이 될 수밖에 없다. 파트너의 생활이 불규칙적이므로 계획을 세울 수가 없기 때문이다.

모든 사람에겐 일정 정도의 규칙과 질서가 필요하다. 특히 우울증 환자의 경우 정해진 하루 일과가 생존을 좌우한다. 나는 오랜 세월 정신 병원에서 임상 심리학자와 수석 치료사로 일했다. 그런 시설에선 환자가 새로 들어오면 규칙의 회복을 첫 번째 치료 목표로 삼는다. 기상, 아침 식사,

치료 프로그램, 점심 식사, 취미, 커피 타임, 저녁 식사, 개인 시간, 취침으로 짜인 하루 및 일주일 프로그램을 작성하는 것으로 치료를 시작한다. 그만큼 규칙적인 생활 리듬이 치료에 중요하다.

우울증에 걸린 가족이 일과를 유지하도록, 이미 엉망이 되었다면 다시 회복하도록 돕는 것이 가족은 물론이고 당신에게도, 그리고 서로의 관계에도 득이 된다.

몇 가지 일과를 같이하자고 협정을 맺어 보자.

- 같이 일어나기
- 같이 밥 먹기
- 같이 자기(가족을 절대 소파나 거실에서 자게 내버려 두지 마라.)

우울증에 걸리면 하루를 시작하기가 너무 힘들다. 또 하루를 살아내야 한다는 사실이 너무 아득하게 다가온다. 머리엔 연기가 가득하고 온몸엔 철근을 매단 듯 몸을 일으킬 수가 없다. 그렇지만 시간이 가면서 조금씩 나아지다가 대부분 밤이 되면 제일 상태가 좋아진다. 그래서 밤낮이 뒤바뀔 위험이 매우 크다. 상태가 좋으니 밤늦게까지 TV를 보거나 컴퓨터 앞에 앉아 있는 것이다. 네덜란드 작가 토마스 로센봄Thomas Rosenboom도 그랬다.

이혼한 지 얼마 되지 않아 마음이 정말 안 좋았다. 늘 늦게 일
어났다. 오후 서너 시 전에는 일어날 수가 없었다. 일어나고도
몇 시간 동안은 어정거렸다. 샤워하고 산책하고 장 보고 또 산
책하면서. 그러다 병이 되고 말았다. 우울성 질환이었다고 생
각한다.

(토마스 로센봄, 2009년)

그 결과 환자는 점점 사람들과 멀어진다. 다른 사람들
이 자러 갈 시간에야 겨우 일어나 하루를 시작할 테니까 말
이다. 그러므로 가족이 기존의 일과를 유지하도록 당신이
옆에서 적극 도와주어야 한다.

가능하다면 매일 무엇이든 함께하는 것이 좋다. 예를
들어 하루 30분씩 같이 산책을 해 보자. 일과를 유지하는
데에도 도움이 된다. 또 설거지 같은 집안일을 시켜 보자.
그게 뭐 그리 대단한 일이냐 싶겠지만 그렇지 않다. 하루 일
과를 유지 혹은 회복하는 것이야 말로 우울증 치료의 시작
일 수 있다. 앞서 말한 토마스 로센봄도 우연한 계기로 그
사실을 깨달았다.

한동안 바세나르의 NIAS*에서 지낼 수 있게 되었다. 연구소

• 네덜란드 인문사회과학 선진 연구 기관(Netherlands Institute for Advanced
Study)

가 우수한 학자들을 불러 편안하게 연구할 수 있는 환경을 마련해 주었는데 양념으로 작가도 한 명씩 끼워 주었다. 나는 한 번 해 보자고 생각했다. 환경을 한 번 바꾸어 보자고.

그곳의 모든 교수님들이 정상적으로 사는 사람들이어서 그 것이 엄청난 도움이 되었다. 모두들 아침 9시에 하루를 시작했다. 12시 30분이면 점심을 먹었다. 나는 한 번도 그래 본 적이 없었다. 낮에는 아무것도 먹지 않았다. 그런데 이곳에선 점심에도 따뜻한 음식이 나왔다. 그리고 모두들 저녁 6시면 일을 마쳤다. 나도 무리의 일부였기에 그들의 리듬을 따를 수 있었다. 멋진 경험이었다.

물론 아침 9시부터 하루를 시작했던 것은 아니다. … 그래도 적어도 9시에는 일어났다. 글을 쓸 수 있는 상태는 아니었지만 적어도 일어나 돌아다니기는 해야 한다고 생각했다. 일은 못했지만 적어도 움직이기는 했다. 모래 언덕을 오래 달렸고 요가를 했다. 덕분에 훨씬 튼튼해질 수 있었다.

(토마스 로센봄, 2009년)

앞에서도 말했지만 협정을 맺기도 생각처럼 쉬운 일은 절대 아니다. 위의 글을 보면 아마 그 이유를 알 수 있을 것이다. 로센봄은 9시에 일어나기는 해도 글을 쓸 수는 없었다고 말했다. 우울증은 정상적 기능을 방해한다. 그것이 정신 질환의 공통점이다. 가벼운 우울증을 앓는 환자라면 힘이 들기는 해도 어쨌든 대부분의 일과를 따라갈 수는 있을 것이다. 하지만 중증 환자는 절대 그럴 수가 없다. 약속을 한다고 해도 그 점을 참작해야 한다. 그래도 어쨌든 환자와 함께 그가 할 수 있고 할 수 없는 일을 알아낼 수 있을 것이다.

욕심은 금물이다. 백날 약속해 봤자 절대로 할 수 없는 힘든 일이라면 그 약속이 다 무슨 소용이겠는가? 과도한 부담은 실망과 악화로 이어질 뿐이다. 그렇다고 너무 쉬운 일을 요구하는 것도 좋지 않다. 충분히 쓰지 않으면 축 늘어지는 근육과 비슷하다. 환자에게 맞는 수준의 일을 요구하고 협정을 맺어야 한다. 증상이 하루에도 똑같지 않다는 사실 또한 잊지 말아야 한다. 앞서 말했듯 대부분의 우울증 환자는 아침보다 밤에 상태가 좋다. 이런 점을 충분히 고려해야 할 것이다.

파트너 관계를 살펴라

우울증은 파트너 관계에 큰 부담을 줄 수 있다. 서로를 이해하고 평화롭게 살기 위해 필요한 규칙이 깨지기 때문이다. 그래서 상대가 가장 필요한 시기에 오히려 더 사이가 벌어지는 안타까운 상황이 발생할 수 있다.

혹시 당신의 입에서 자꾸만 비난이 쏟아져 나오고 예전보다 자주 싸운다는 느낌이 들면 즉각 브레이크를 밟고 대화를 시도해 보자. 사태의 악화를 막기 위해서는 소통의 규칙을 합의하거나 상기할 필요가 있다. 예를 들어 아래와 같은 규칙을 정해 함께 지키려 노력하는 것이다.

- 아침에 눈을 떴을 때, 밤에 잠자리에 들 때 인사를 한다.
- 아이들이 있는 자리에선 싸우지 않는다.
- 실망한 일이 있더라도 상대방 탓을 하지 않는다.
- 약속은 꼭 지킨다.
- 폭력은 안 된다. 위협도 안 된다.
- 욕을 하거나 모욕을 주어서는 안 된다.

물론 살다 보면 약속을 어길 때도 생긴다. 우울증이 없었을 때도 그랬을 것이다. 규칙은 깨라고 있는 것이라는 옛말도 있지 않은가. 하지만 그 횟수가 너무 잦아지면 다시 한 번 규칙을 떠올리고 잘 지키기로 다짐해야 한다. 실천 가능성이 낮은 규칙은 즉각 바꾸어야 한다.

술은 자제하라

우울증 환자는 술을 입에 대기가 쉽다. 우울증이 걸리면 뇌에 도파민이 부족해져서 사는 게 재미가 없다. 그래서 조금이라도 만족감을 느끼기 위해 자꾸만 강한 보상을 찾게 되는데 제일 손쉬운 것이 술이다. 하지만 안타깝게도 술을 먹으면 도파민은 더 줄어든다. 그야말로 악순환이 시작되는 것이다.

술은 슬픈 감정과 고통을 완화시킬 수 있다. 우울증 환자들이 술을 찾는 중요한 이유이다. 그래서 중증 우울증 환자들 중에는 알코올 중독자가 많은데, 우울하지 않으려다가 두 가지 심리 질환과 싸워야 하는 기막힌 사태가 발생한다. 그야말로 쓰레기차 피하려다가 똥차에 받히는 격이다. 이 세상에 알코올 중독보다 낫기 힘든 질환이 별로 없기 때문이다. 술은 한 번 중독이 되면 낫기가 좀처럼 힘들다. 우울증보다 훨씬 더 힘들다.

따라서 모든 수단을 총 동원해서라도 그런 일이 벌어지지 않게 막아야 한다. 우울증을 앓는 가족이 술에 손을 대는 것 같으면 즉각 대화를 시도하라. 모든 수단과 설득력을 가동하여 알코올 중독의 위험을 제거해야 한다. 어떻게든 명확한 경계선을 그어야 한다.

무엇보다 당신이 술을 절제하여 모범을 보여야 한다.

술 마시는 모습을 보면 술이 먹고 싶어진다. 연구 결과를 보면 TV에서 술 마시는 장면을 보기만 해도 냉장고로 걸어 갈 확률이 높아진다고 한다.

그렇다면 과연 어느 정도부터 위험한 것일까? 대답은 성별에 따라 달라진다. 여성은 하루 와인 두 잔이나 맥주 두 잔을 넘기면 안 되고 남자는 세 잔을 넘기지 않는 것이 좋다. 이유는 여성의 신체가 남성에 비해 지방이 더 많고 수분은 더 적기 때문에 용해할 수 있는 알코올의 양도 더 적다. 또 나이가 들면 체지방이 쌓이고 간의 알코올 해독 능력이 떨어지기 때문에 60세가 넘으면 하루 한 잔을 넘기지 말아야 한다.

물론 가족이 몇 주 동안 앞서 말한 적절한 술의 양을 초과하여 마신다고 해서 중독이 될까 노심초사할 필요는 없다. 담배는 며칠 만에도 중독이 될 수 있지만 술은 좀 더 오래 마셔야 중독이 된다. 하지만 가족이 상당히 오랜 시간(예를 들어 몇 년 동안) 규칙적으로 많은 양의 술을 마시고 시간이 갈수록 주량이 자꾸 늘어난다면 걱정을 해야 마땅하다. 무엇보다 짧은 시간 안에 많은 양을 마실 경우, 예를 들어 15분 동안 (혹은 더 빠른 시간 안에) 와인 반병을 다 마신다면 그냥 내버려 둬서는 안 된다. 그 정도면 기분 좋자고 마시는 술이 아니라 고통을 잊기 위해 마시는 술이다.

술은 중독을 일으킬 수 있다는 사실 말고도 또 다른 해악이 있다. 술을 마시거나 숙취로 제정신이 아닌 순간에는 우울증 회복을 위해 노력할 수가 없다.

　마지막으로 하루 세 잔 이상 술을 마시면 잠을 잘 자지 못한다. 취해서 잠이 들기는 하지만 수면의 질이 나쁘기 때문에 일찍 깰 위험이 높다. 따라서 우울증의 회복을 방해한다.

과거의 생활 방식을 유지한다

　앞서 설명했다시피 우울증 환자들은 장시간의 진지한 대화를 좋아하지 않는 경우가 많다. 특히 남성의 경우 대화를 썩 내켜하지 않는다. (우울증에 걸리지 않은 남성들도 대화는 별로 좋아하지 않는다. 아, 물론 여성들 중에도 대화에 거부감을 느끼는 사람들이 있다.)

　그러므로 싫다는 사람을 억지로 끌어 앉혀 대화하자고 종용할 것이 아니라 평소와 다름없는 태도를 유지하면서 환자를 최대한 모든 일에 끌어들이는 것이 가장 바람직한 방법이다. 같이 친척이나 친구를 만나고, 집안일을 나누어서 하고 아이들과 영화나 연극을 보고 예전에 상의하던 문제는 같이 마주앉아 의논하는 것이다. 예전의 생활을 유지하는 것만으로도 환자의 회복에 큰 도움이 된다. 환자가 거부를 하더라도 금방 실망하여 체념해서는 안 된다. 환자가 같이 안 가겠다고 하면 그의 뜻을 존중해 줘야 하지만 포기하지 말고 다음번에 또 한 번 같이 가자고 말해야 한다. 또 한 번, 또 한 번, 자꾸 말해 보라. 무슨 말을 해야 할지는 심각하게 고민할 필요가 없다. 환자는 내용보다 당신의 말투, 얼굴 표정, 자세에 먼저 반응한다. 한마디로 비언어적 소통에 더 큰 반응을 보인다. 가족은 서로를 잘 알기 때문에 미세한 기분 변화나 말 몇 마디에서도 환자는 금방 불안해하거나 초조해하는 당신의 심경을 읽어 낼 것이다. 따라서 당신의 마음가짐에 신경을 써라. 용기를 북돋아 주는 것은 괜찮지만 재촉하거나 환자 취급을 해서는 안 된다. 당신이 어떤 말을 들어야 용기가 나는지 곰곰이 생각해 보고 환자에게 그대로 해 주어야 한다. 눈에 뛰지 않게, 은근히 이끌어 주는 말, 긍정적인 말을 해 주어야 한다. 격려하되 요구하지는 마라.

물론 긍정적 자극과 아이 취급 사이에서 중도를 찾기란 말처럼 쉬운 일이 아니다. 그래서 가끔은 실수를 할 수도 있을 것이다. 그래도 괜찮다. 솔직히 사과하고 당신의 선의를 환자가 확신할 수 있도록 노력하자.

치료를 돕는다

환자가 적당한 병원이나 상담실을 찾으면 당신의 마음도 한결 가벼워질 것이다. 회복의 그날이 한 걸음 더 다가온 것 같을 테니까 말이다. 하지만 마음 한 편에선 당신이 해야할 일을 남에게 맡긴 것은 아닌가 하는 죄책감과 무력감이 밀려올 것이다. 가족이 당신은 빼고 제 3자와 개인적인 은밀한 이야기를 나눌 것이니 왕따를 당한 기분도 들지 모르겠다. 심지어 당신에 대한 이야기도 할 것이 아닌가!

치료에 동참하여 자신의 지식과 경험을 제공하고 싶다는 가족들이 많다. 그러나 안타깝게도 가족의 동참을 허용하지 않는 병원들이 적지 않다. 네덜란드 신문사 폴크스크란트Volkskrant에 도착한 한 독자 편지를 보아도 그런 현실을 잘 알 수 있다.

가족을 치료에 동참시키자!

심리 질환 환자를 상담하는 치료사들이 가족의 경험을 활용하지 않는다는 기사를 보고 너무 공감했습니다. 저도 같은 경험을 했거든요. 우리 어머니는 우울증 때문에 여러 번 병원에 입원을 하셨습니다.

몇 년 전에도 또 입원을 하셨는데 거기 의사 분들이 계속 치료법을 바꾸면서 이런저런 제안하시더라고요. 그런데 그 치료법들이 다년간의 제 경험으로 미루어 볼 때 전혀 도움이 안 될 것 같더라고요. 그래서 제가 말씀드렸지만 소용이 없었습니다. 몇 달 후 병원에서 다 나았으니 퇴원하라고 했습니다. 그때도 제가 보기엔 아직 퇴원할 상황이 아니어서 의사에게 말씀드렸지만 그냥 퇴원시키셨어요. 아니나 다를까 어머니는 몇 달 후에 다시 입원하셨지요.

환자 가족의 입장에선 의사의 말에 강하게 반대할 수가 없습니다. 우리가 을의 입장이니까요. 암스테르담에는 입원 병동이 많지 않아요. 물론 다행히 어머니는 완쾌하셨습니다. 하지만 가족의 의견을 경청했더라면 훨씬 시간을 줄일 수 있었을 겁니다.

(A. 반 담, 2009년)

가족의 동참 여부를 두고는 기관마다, 전문가들마다 의견이 엇갈린다. 물론 많은 치료사가 가족의 의견을 경청하고 가장 가까운 가족(파트너, 부모)을 상담에 동석시키려 노력한다. 나 역시 늘 그런 입장이고, 2차와 3차 상담 중간에 환자의 가장 가까운 가족을 상담 시간에 부른다. 물론 환자가 거부하지 않아야 하지만 그런 경우는 극히 드물다. 그러므로 치료사가 가족을 동참시키지 않으려 한다면 당신이 먼저 나서서 요청하라. 가족이 부탁을 해야 응하는 치료사들도 많으니까.

환자-치료사-가족의 삼각관계에 대해서는 4장에서 더 자세히 살펴볼 것이다. 그 관계에서 당신이 어떤 역할을 맡을 수 있을지 배우게 될 것이다.

　우울증 환자가 (치료사나 책에서 시키는 대로 열심히 따라해서) 우울증을 이겨 내겠다고 결심하면 그렇게 할 수 있도록 옆에서 적극 도와야 한다. 예를 들어 환자가 운동을 하겠다고 하면 당신이 옆에서 같이 할까, 하고 물어보자. 저녁마다 같이 산책을 하거나 자전거를 탈 수도 있을 것이다. 그럼 환자도 하기 싫은 마음이 들어도 당신을 생각해서 꼭 참고 힘을 낼 것이다.

　환자가 싫어하지 않는다면 관심을 가지고 병원에서 어떤 숙제를 내주었는지, 얼마나 진척이 있었는지, 어려운 점은 없는지 계속 물어보아야 한다. 물론 이때도 충고나 조언은 금물이다. 환자가 원하지 않는데도 충고를 난발해서는 절대 안 된다.

　또 한 가지 지원 방법으로 다음 장에서 설명할 소위 인지행동 치료를 꼽을 수 있겠다. 이것은 가장 인기 있는 우울증 치료법으로 유명하지만 우울증이 아닌 사람도 자신감을 키우기 위한 목적으로 활용할 수 있다. 그래서 요즘은 인지행동 치료 중 하나인 합리적 정서치료(RET)를 회사 비용으로 직원들에게 제공하는 다국적 대기업이 적지 않다. 그곳에서 직원들은 원치 않는 자신의 행동이나 감정을 효율적인 행동이나 감정으로 변화시키는 법을 배운다. 기업들이 비용을 아끼지 않고 이런 교육을 시키는 이유는 RET를 받은 직원들이 몸과 마음 모두 건강해진다는 연구 결과가 나와 있기 때문이다.

그러므로 환자에게 주어진 숙제와 훈련을 당신도 함께하면 환자뿐 아니라 당신도 많은 도움을 받을 수 있을 것이다.

악순환의 고리를 끊어라

우울증 환자와 같이 살 때 가장 위험한 점은 서로가 서로에게 악영향을 미칠 수 있다는 사실이다. 왜 그럴까?

우울증 환자는 (큰 소리로 말하지 않더라도) 주변 사람들에게 이런 메시지를 보낸다. "난 힘도 없고 기댈 데도 없어. 혼자서는 살아갈 수가 없어. 제발 도와줘." 그래서 그를 볼 때마다 당신은 당장 도와주고 싶은 마음에 팔을 걷어붙인다. 상대를 사랑하는 마음이 클수록 도와주고픈 마음도 클 것이다. 하지만 막상 도와주려고 하면 예상치 못한 반응이 돌아온다. 상대가 느릿느릿 반응을 하거나 아예 무반응이다. 그는 주변 사람들에게 아무 관심도 없어 보인다. 심지어 그를 도와주겠다고 이렇게 노력하는 당신에게조차 아무 관심을 안 보인다. 옆에서 굿을 하건 말건 상관없다는 태도이다. 그 반응에 당신은 상처를 받는다. 당황스럽기도 하다. 그래도 당신은 당황스러운 마음을 꾹 참고 계속 도움을 주려고 할 것이다. 하지만 이제는 상대의 반응에 놀랐기 때문에 약간 머 뭇거리거나 (반대로) 도움의 강도를 살짝 더 높일 것이다.

그리고 당신의 얼굴 표정, 자세, 말하는 방식을 통해 당 신이 숨기고자 하는 당혹스러움과 불안이 환자에게 또렷하 게 전달된다. 특히 우울증 환자는 그런 것들을 감지해 내는 예민한 특수 안테나를 장착하고 있기에 이제 제멋대로 이 런 결론을 내린다. "저것 좀 봐. 역시 나는 쓸모없는 인간이 야." 환자의 자존감이 더 떨어진다. 또 한편으로는 짜증도 난다. "제일 가까운 사람도 날 이해하지 못하는구나." 물론 그는 그런 마음을 표현하지 않는다. 예전보다 더 당신에게 의존하기 때문이다. 게다가 분노를 억지로 삼키고 화살을 자신에게로 돌리는 행동은 우울증의 주요 증상 중 하나다. "난 쓸모없는 인간이야. 짐만 될 뿐이야." 그렇게 우울증은 악화되고 절망은 더 깊어진다. 이제 당신의 도움과 지지는 별 효과를 발휘하지 못한다. 그로 인해 당신의 당혹감은 더 해지고 결국 당신은 환자에게 대놓고 비난을 쏟아낸다. "당 신도 노력을 해야 할 거 아냐.", "애들을 생각해. 당신이 이 러면 애들이 얼마나 불안하겠어." 아니면 실망하여 마음으 로 거리를 두게 된다. 그리고 이런 당신의 비난과 거리 두기 는 다시금 우울증을 악화시킨다. 그렇게 환자의 고통도, 당 신도 고통도 더해만 간다.

이런 설명을 듣고 나면 아마 절로 의문이 들 것이다. 그럼 어떻게 하라는 말이야? 과연 방법이 있기는 한 것일까? 내가 당신에게 줄 수 있는 최고의 조언은 가족을 환자로 생각하라는 것이다. 다시 말해 그의 수동적 자세, 그의 불평과 의욕 상실을 그의 성격이 아니라 우울증의 증상으로 바라보라는 말이다. 앞에서도 이미 말했다. 당신의 가족은 안 하는 게 아니라 못하는 것이라고.

'저기서 저 말을 하는 것은 우울증이지 내 가족이 아니다'는 사실을 명심해야만 환자를 평온한 마음으로 대할 수 있을 것이다.

몇 가지 더 조언을 한다면

이 장에선 우울증 환자를 대할 때 명심해야 할 여러 가지 사항을 설명하였다. 더 해 주고 싶은 조언이 많지만 그것들을 전부 상세하게 설명하기는 곤란하다. 그래서 그중 몇 가지를 추가 설명 없이 언급만 하기로 한다. 여기서 굳이 길게 설명하지 않아도 다들 알 것이기 때문이다. 앞에서 이미 설명했던 조언도 있다. 그걸 다시 한 번 반복하는 이유는 그만큼 중요하기 때문이다.

먼저 하지 말아야 할 행동을 나열하고 이어 권하고픈 행동을 열거하겠다.

피해야 할 행동 방식

- 너무 성급하게 활동을 권하지 말고 지나치게 요구하지 마라. 당신의 도움이 부족하면 환자의 우울증이 심해지며, 당신의 도움이 지나치면 환자의 의존심이 커지고 자존감이 떨어진다.

- 상대의 생각과 기분을 비난하지 마라. ("넌 매사 너무 부정적이야!")

- 작은 성공도 놓치지 마라. 하찮게 여기지 마라.

- 누가 옳은지 따지지 마라.

- 환자를 설득하여 모임에 데리고 나가려고 하지 마라. 그의 우울한 기분은 아무 근거가 없다고 설득하려고 하지 마라. ("넌 다 가졌잖아.")

- 너무 걱정하지 마라. 그런 모습을 보면 환자는 더 어쩔 줄 모르는 심정이 된다.

- 환자가 약속한 일을 하지 않더라도 당황하거나 이해할 수 없다는 식의 반응을 보이지 마라.

- 초조해하지 말고 공격적인 비난을 하지 마라. 거부하는 태도는 금물이다.

- 큰일이건 작은 일이건 환자를 뺀 채로 결정하지 마라. 모든 일에 그를 끌어들여라.

- 환자의 우울증을 환자 개인 탓으로 돌리지 마라. 그가 혼자 있으려고 하는 이유는 당신 때문이 아니다. 당신이 매력을 잃어서, 당신이 사랑스럽지 않아서가 아니다.

권하고 싶은 행동 방식

- 우울증은 심약해서, 의욕이 없어서, 줏대가 없어서, 용기가 없어서 생기는 것이 아니다. 우울증 환자는 하기 싫어서 안 하는 것이 아니라 할 수 없어서 못하는 것이다. '시동 엔진'이 고장 난 것이다.

- 우울증이 찾아오기 전 가족이 좋아했던 일을 권해 보자. 물론 욕심은 금물이다. 매일 조금씩 산책을 하는 식으로 아주 작은 걸음으로 시작해야 한다.

- 최대한 규칙적인 생활을 유지하도록 도움을 주어야 한다. 정해진 하루 일과를 지킬 수 있게 지원하라.

- 우울증은 질병이라는 사실을 잊지 말자. 나으려면 시간과 인내가 필요하다.

- 충고하지 말고 그냥 옆에 있어 주는 것, 그것이 제일 중요하다.

- 환자가 우울하지 않은 말을 할 때마다 칭찬하라.

- 환자가 느끼는 모든 감정, 상심, 문제를 있는 그대로 인정하려고 노력하라. 비난해서는 안 된다.

- 환자가 원할 때는 언제든 도움을 주지만 당신의 도움이 빠른 효과를 가져오리라 기대하지는 마라. 인내가 최고의 약이다.

- 우울증도 언젠가는 지나갈 것이라는 믿음을 주려고 노력하라. 당신의 표정에 근심이 서리지 않도록 조심하라. 그렇다고 과도하게 낙관적일 필요는 없다.

- 완벽하지 않아도 환자가 하는 모든 것을 칭찬하라. 당신의 눈에는 수준 미달이라 해도 칭찬해라.

- 다른 가족 구성원, 친구, 지인들에게 우울증이 무엇인지, 환자가 어떤 장애를 앓고 있는지 설명하라. 그래야 그들이 실망하여 관계를 포기하는 사태를 막을 수 있을 것이다.

- 정신병적 우울증처럼 망상이 나타나는 경우 '중도'를 택하라. "네가 듣고 보는 건 진짜가 아냐"라고 말하지 마라. "네가 보고 듣는 게 나한테는 안 보이고 안 들려"라고 말하라. "내 눈에는 네가 무서워하는 것 같아", "네가 너무 의기소침해져서 그런 생각이 드는 거야"라고 말하라.

3장
___

"어떤 치료를 받게 해야 할까?"

심리 치료 방법

우울증은 대부분 치료가 가능한 병이다. 이 장에서는 심리 치료를 시작으로 어떤 형태의 치료법들이 있는지 설명할 것이다. 그다음으로는 생물학적이고 화학적인 방법으로 정신의 변화를 일으켜 우울증을 치료하려는 치료법들을 살펴보도록 하겠다. 그중 가장 유명한 것은 단연 항우울제일 것이다.

마지막으로 심리 치료사와 환자들이 오랜 세월 동안 궁금해했고 앞으로도 오랫동안 궁금해할 것 같은 문제를 자세히 설명해 볼 것이다. 과연 어떤 치료법이 제일 좋을까?

심리 치료

심리 치료 시장에 발을 내딛는 순간 당신의 눈앞에는

수많은 종류의 상품과 서비스가 펼쳐질 것이다. 그것도 모자라 해마다 새로운 상품들이 추가되고 있다. 하지만 시장은 몇 종의 대형 치료법이 석권하고 있다. 그중에서 가장 유명하고 가장 많이 사용되는 몇 가지 심리 치료 형태들을 소개할까 한다.

1. 정신역동 치료(심층심리 치료)

이 치료법은 지그문트 프로이트의 정신 분석과 C. G. 융의 분석적 치료, 그리고 그 제자들의 이론에 뿌리를 내리고 있다. '심층심리'라는 이름부터가 이 치료법이 심층으로 내려가서 의식의 표면 밑에 숨어 있는 동기와 동경을 찾는다는 암시를 던진다.

이 치료법의 목표는 치료사의 도움을 받은 환자가 유아기로 거슬러 올라가서 정서적 문제의 뿌리를 찾아나서는 것이다. 우울증의 근원과 의미를 알고 나면 심리 문제도 훨씬 덜 해지거나 적어도 견디기가 훨씬 수월해질 것이다. 심리 치료사는 우울증의 뿌리가 어린 시절에 있다는 가정에서 출발한다. 그래서 어린 시절에 풀지 못해서 지금껏 계속되는 갈등에 주목한다. 그런 갈등의 대표적인 예가 독립하고 싶은 마음과 친밀한 관계를 유지하며 보살핌을 받고 싶은 두 마음의 갈등이다. 혹은 부모에게 화가 나면서도 사랑받고 싶은 마음에 항상 얌전하게 행동해야 했던 마음의 갈등이다. 우울증이 나으려면 바로 이런 갈등을 해소해야 한다는 것이다.

정신역동적 치료법은 상담을 받는 동안 이런 갈등이 표면으로 올라오고 환자는 치료사와의 관계에서 과거의 동경, 소망, 불안, 공격성 등을 반복 체험하는데 (전문 용어를 써서) 심리 치료사에게 '전이'한다고 가정한다. 예를 들어 환자가 치료사를 사랑하게 되거나 분노를 느낀다면 치료사는 그것을 치료의 테마로 삼을 것이고 그를 통해 환자에게는 과거가 되살아날 것이다. 치료사는 환자에게 그의 현재 행동 패턴이 어디서 왔는지, 그 원인이 무엇이며 왜 그런 행동 방식이 되풀이되는지를 확실히 보여 주려 노력한다. 이렇듯 애써 과거의 실타래를 풀려는 이유는 현재를 보다 잘 이해하고 과거에 저질렀던 실수를 되풀이하지 않기 위해서다. 조금 더 구체적인 설명을 위해 치료사가 환자에게 치료의 가장 중요한 규칙을 설명하는 짧은 글을 소개하겠다.

첫 상담 시간에 말씀드렸다시피 저는 여기 이 상담실에서 우리가 맺는 관계에 집중할 것입니다. 환자분이 자신의 인간관계를 파악하는 데 가장 도움이 될 수 있을 테니까요. 여기 이 상담실은 안전한 곳입니다. 다른 곳보다 더 마음을 열고 솔직하게 말씀을 하실 수 있습니다. 그리고 이 안전한 곳에서 우리는 우리가 서로를 어떻게 대하는지 점검할 수 있을 겁니다.

… 그러니 환자분이 여기서 제게 어떤 감정을 느끼는지 한 번 잘 살펴봅시다.

(어빈 D. 얄롬, 2000년)

이 치료법은 환자에게 매우 적극적인 역할을 요구하기 때문에 환자는 상담 중에 말을 많이 해야 한다. 가장 많이 등장하는 대화의 주제는 '상실'이며, 이때에는 공격성에 충분한 관심을 기울여야 한다. 정말로 사랑하는 대상이나 사람과 진실로 작별하기 위해서는 공격성을 거쳐야 하기 때문이다. 그 외에 자주 언급되는 또 하나의 주제로 자존감을 꼽을 수 있다. 정신 분석 치료는 우울증 환자의 자존감이 주변 사람들의 칭찬과 인정에 크게 좌우된다고 본다. 우울증 환자들은 어린아이처럼 타인에게 의존하는데 그 사람이 허락을 해야만 자발성을 보인다. 따라서 이 치료법은 우울증 환자를 족쇄와 같은 타인의 판단으로부터 풀어내어 자신의 생각을 보다 신뢰하도록 이끌려 노력한다.

심층심리 치료법도 단기간 치료가 가능해서 10~40회(각 50분)로 끝날 수 있다. 우울증이 이혼과 같은 제한된 심리 사회적 위기로 발생했을 경우 이런 단기 치료를 선택할 수 있다.

조금 더 기간을 늘려 50~100회까지 갈 수도 있다. 병상이나 인성으로 미루어 장기 치료가 필요하고 현재의 문제

가 인생사를 알아야만 이해가 될 경우 특히 이런 장기 치료
를 고려한다.

심층심리 치료의 가장 심도 있는 형태는 프로이트가
도입한 전통적 정신 분석 치료다. 환자는 카우치에 눕고,
치료사는 환자에게 떠오르는 대로 전부 이야기하라고 격려
한다.

진짜 프로이트 추종자들은 (할리우드 영화에서 질리도
록 본) 이 치료법만이 우울증을 진정으로 치료할 수 있다고
주장한다. 이것만이 우울증의 뿌리를 도려낼 수 있다고 말
이다. 하지만 이 치료법은 치료 기간이 너무 길어서 (3~5년
간 주 3~5회 상담) 상대적으로 소수만이 받을 수 있다. 따라
서 심층심리 치료법에서 차지하는 비율이 약 7퍼센트밖에
안 된다.

2. 인지행동 치료
、서른다섯 살의 한 여성이 새로 만난 심리 치료사에게
과거의 치료 경험을 설명한다.

눈발이 흩날리던 어느 날 아침 나는 그녀에게 나의 첫 치료 경
험 이야기를 들려주었다. 그것은 서구 사회에서 가장 많이 사
용되고 가장 인기가 높은 인지행동 치료법이었다. 그 치료법은
상대적으로 치료 기간이 짧고 지금 내가 받는 치료보다 훨씬

체계적이다. 인지행동 치료법의 치료사는 치료사라기보다 친구나 조언자에 더 가깝고 무의식에는 전혀 관심을 두지 않으며 오직 환자의 생각, 감정, 행동 패턴의 변화만을 목표로 삼는다.

(로나 마틴, 2009년)

인지행동 치료는 따로 사용되던 두 가지 치료법, 즉 행동 치료와 인지 치료를 결합한 것이다.

행동 치료는 이름에서도 알 수 있듯 환자의 행동에 집중한다. 환자는 치료사의 도움으로 다시금 기분을 밝게 만들 수 있는 일들을 하게 된다. 그 첫걸음으로 치료사는 환자에게 활동과 기분에 관한 일기를 쓰라고 부탁하고 환자는 일기를 쓰면서 활동과 기분의 관계를 깨닫는다. 어떤 활동을 하면 기분이 좋아지는데 또 어떤 활동은 기분이 나빠진다. 이런 깨달음을 바탕으로 기분이 좋아지는 활동이 더 많도록 계획을 잡는다. 자기주장 훈련 역시 우울증을 치료하기 위한 행동 치료법의 하나다.

"난 아무것도 못해.", "난 실패한 인생이야.", "아무도 날 좋아하지 않아." 우울증 환자들이 자주하는 전형적인 생각이다. 인지 치료는 이러한 우울증을 일으키고 유지시키는 염세적 시각, 비현실적 기대, 비판적인 자기 검열을 바꾸려 노력한다. 진짜 문제와 가짜 문제의 차이점을 깨닫고 긍정적인 인생 목표를 세우며 자존감을 키우도록 환자를 돕는다.

인지 치료의 출발점은 생각과 기분이 둘이 아니라는 믿음이
다. 따라서 생각을 긍정적으로 바꾸면 기분도 좋아진다.

인지행동 치료는 다른 치료법들과 달리 환자에게 내 주
는 과제가 명확하고 체계적이다. 따라서 인터넷 치료에 매
우 적합하다.

3. 내담자 중심/인간 중심 심리 치료

내담자 중심 대화 치료법은 독일에서 (인지 치료 및 심층
심리 치료와 함께) 가장 많이 사용되는 치료법이다. 이것은
1940년대에 정신 분석 치료에 대한 대응으로 미국에서 탄
생하였다. 이 치료법의 정신적 아버지인 인문주의 심리학자
칼 로저스Carl Rogers는 정신 분석의 '다이어트'가 너무 혹독하
다고 생각했다. 그래서 내버려 둬도 좋을 아픈 기억을 굳이
들출 것이 아니라 삶을 개선하자고, 더 쾌적하게 꾸려가자
고 주장하였다. 그가 듣기엔 '환자'라는 말도 너무 수동적이
었다. 도움을 청하는 사람은 성인이므로 뭐가 부족하고 뭐
가 좋을지는 그 사람이 가장 잘 안다. 치료사는 그저 내담
자의 건강한 힘을 일깨워 주고 그가 스스로 문제 해결의 길
을 찾을 수 있도록 도와주는 사람이다. 이처럼 나름의 식견
을 갖춘 내담자가 치료의 중심 자리를 차지하기에, 이 치료
법은 '내담자 지향' 및 '내담자 중심'이라는 이름을 사용한
다. 치료사가 쓸 수 있는 기술 중 가장 중요한 것은 적극적

경청이다. 고객을 특정 방향으로 이끌지 않고 완전히 내담자에게 동감하고 내담자의 감정을 반영하는 것이다. 한마디로 직접적이지 않은 방법이다. 내담자는 대화를 통해 미처 몰랐던 깨달음과 감정에 도달한다. 또 다른 중요한 기술로는 내담자의 문제점과 결점을 포함하여 그의 모든 것을 완전히, 전폭적으로 인정하는 것이다. 그런 안전한 분위기에서는 내담자가 자기 장점을 활용할 뿐 아니라 자기 한계를 인정하는 법도 배울 것이라 믿기 때문이다.

4. 대인관계 치료

이 세상에 혼자 사는 사람은 없다. 인지 치료와 마찬가지로 우울증 치료에 초점을 맞추어 개발한 대인관계 치료의 핵심 사상은 다음과 같다.

대인관계 문제는 우울증을 일으키는 주요 원인이다. 따라서 인간관계가 바뀌면 스트레스를 유발하는 요인들도 교정될 수 있다.

대인관계 치료는 환자가 자신과 주변 사람들의 관계를 보다 명확하게 파악하도록 도움을 준다. 그리고 환자의 인간관계 능력이 확장되도록 돕는다. 환자가 사람들과 더 잘 어울려서 자신의 정서적 욕망을 만족시킬 수 있도록 만드는 것이 이 치료의 목표다.

그 목표를 이루기 위해 치료사는 환자와 함께 환자의

중요한 인간관계를 모조리 목록으로 작성한다. 그리고 환자에게 이 모든 관계에서 바라는 것이 무엇인지, 그들에게서 무엇을 얻는지 묻는다. 마지막으로 치료사와 환자는 환자가 바라는 것을 얻을 수 있도록 함께 전략을 모색한다. 문제는 네 가지 범주로 나눈다. 첫째는 지금의 인간관계 갈등(예를 들어 부부갈등), 둘째는 친구들에게 기대하는 것과 실제로 얻는 것의 갈등, 셋째는 사생활이나 직장의 중요한 변화(출산, 이혼, 새 직장, 해고), 넷째는 고독과 상실(갈등, 사랑하는 사람의 죽음, 질병). 따라서 상실의 수용 역시 대인관계 치료의 또 한 가지 중요한 테마다.

대인관계 치료는 미국에서 건너왔지만 치료 기간이 짧고(각 1시간, 12~40회 상담), 방법이 체계적이며, 전제가 논리적이고, 환자가 치료의 목표를 이해하고 함께 목표 추구에 참여할 수 있기 때문에 인기가 높다. '건강한 인간 이성의 치료'라고도 불리는 이 치료법은 환자의 인성 변화보다 환자의 능력을 최대한 활용하고 그 인성의 장점을 최대한 끌어내는 것을 목표로 삼는다.

5. 해결 중심 치료

한국계 미국인 심리 치료사 김인수 Insoo Kim Berg ▲ 가 개발

▲ 1934~2007, 한국에서 태어나 미국으로 건너가 사회복지 실천을 하다가 해결 중심 치료자로 발전하여 세계 각지에서 해결 중심 치료를 전파하였다.

한 해결 중심 치료는 문제를 명확하게 규정하고 그 문제에 접근하는 체계적인 단기 치료법이다. 문제가 확실해지면 치료사와 환자가 함께 실천 가능한 해결책을 찾는다. 출발점은 이런 질문이다. 환자가 무엇을 원하는가? 환자는 문제의 어떤 점을 바꿀 수 있나?

해결의 열쇠는 소위 기적의 질문을 하는 것이다. 치료사가 환자에게 이런 질문을 던진다.

> 좀 이상한 질문을 하나 해도 될까요? 당신이 상담을 끝내고 집으로 돌아갑니다. … 하루를 마치고 … 잠자리에 듭니다. 잠을 자는 동안 … 기적이 일어납니다. 당신을 지금 이곳으로 오게 만들었던 문제가 싹 사라져 버린 겁니다. 하지만 당신은 잠을 자는 중이라서 기적이 일어난 줄 모릅니다. 아침에 눈을 떠서 어떤 것을 보고 기적이 일어났다는 것을 느끼게 될까요?
>
> (페터르 데 용 & 김인수, 2001년)

이 기적 질문의 결과, 환자는 질문의 대답으로 개인적인 치료의 목표를 표현하고 그 목표로 가는 길도 스스로 설명한다. 예를 들어 어떤 사람은 예전처럼 다시 아침에 일어나 근사한 아침을 차려 먹으며 신문을 읽는다고 대답한다. 또 어떤 이는 지금처럼 몸을 사라지 않고 상사에게 자신의 상황을 솔직히 털어놓고 바라는 바를 전한다면 다시 예전처럼

즐거운 마음으로 출근할 것이라고 대답한다. 환자가 치료
사와 더 오래, 더 심도 있게 꿈꾸는 현실에 대해 이야기할수
록 그 현실을 선명하게 눈앞에 그릴 것이고 그곳으로 가는
길을 찾아 회복의 시동을 걸 수 있는 기회도 커질 것이다.

해결 중심 치료는 환자의 약점보다 강점과 우수한 품
성에 초점을 맞춘다. 환자가 살면서 해냈던 일, 이루어 낸
일에 관심을 기울인다. 환자에게 그 자신의 장점과 성공, 긍
정적 시기를 돌아보게 하고 그의 능력을 상기시키며 해결
방안을 찾게 되면 환자의 자아상도 긍정적으로 바뀔 것이
고 우울증이란 얼음도 서서히 녹기 시작할 것이다.

6. 마음 챙김(mindfulness)

생각을 억누를 수는 없어도 생각을 믿지 않을 수는 있
다. 이것이 마음 챙김을 한마디로 요약한 핵심 주장이다.
이 치료법은 불교적 세계관과 서양 심리학(인지 치료)을 많
은 사람이 쉽게 다가갈 수 있는 방식으로 결합하였다. 그사
이 대안 치료법 이상의 큰 관심을 받게 된 이 방법의 목표는
온전히 '지금 여기에 있는' 법을 배우는 것이다. 그렇게 하
면 아상我相에 대한 집착에서 헤어날 수 있고 슬픔, 분노, 죄,
자책, 절망 같은 부정적이고 비도덕적인 생각을 줄일 수 있
다. 지나간 과거에 매달리지 않고 오지 않은 미래를 걱정하
지 않으면 지금껏 보지 못했던 주변의 풍요로움이 눈에 들

어올 것이다. (이 방법의 정신적 아버지 존 카밧 진Jon Kabat-Zinn 의 말이다.) 마음 챙김에서 훈련하는 실질적 과제는 설거지 나 이 닦기 같은 일상적인 일도 그 순간순간에 온 마음을 집중하는 것이다. 지금 하고 있는 것에 100퍼센트 집중하여 쉬지 않고 밀려드는 다른 생각을 쫓아 버린다. 그런 연습을 하면 잡생각이나 자책으로부터 해방될 수 있다.

마음 챙김의 또 한 가지 출발점은 우울증을 부정하지 말고 우울증의 '눈을 똑바로 쳐다보는' 것이다. 우울증에 대 한 두려움을 이겨야 현실에 맞설 수 있다.

로버트 메이너드 피어시그Robert Maynard Pirsig는 『선과 모 터사이클 관리술: 가치에 대한 탐구』에서 집착에 대해 이렇 게 말했다.

의식의 출발점인 가부좌가 당신이 생각할 수 있는 최악의 상 황이 아니라 최선의 상황이라고 생각하면서 우리 한 번 이 상 황을 다시 평가해 보자. 선승들이 (관觀, 호흡, 정좌 등을 통 해) 엄청난 노력을 기울여 의도적으로 이르려 하는 상태도 결 국 따지고 보면 바로 이 가부좌를 하기 위한 노력이다. 당신 의 정신은 공空하며, 당신은 방하착放下着 하고(마음을 내려놓 고) '항상 시작하는' 마음가짐이 된다. 당신은 지혜의 열차 맨 앞자리, 현실의 선로 바로 위에 앉아 있다. 이 순간이 두려워할 필요 없는, 아니 오히려 추구해야 할 순간이라고 상상해 보라.

당신의 정신이 진실로 정좌한다면 상념에 싸여 있을 때보다 훨씬 잘해나갈 수 있을 것이다. … 가부좌를 피하려고 하지 말아야 한다. 이것은 진정한 이해로 가는 선구적인 심리 치료법이다.

(로버트 메이너드 피어시그, 1976년)

7. 수용전념 치료ACT

ACT(Acceptance Commitment Therapy)는 20세기 말 미국의 스티븐 헤이즈Steven C. Hayes가 개발하였고 미국에서는 이미 2011년에 인정을 받은 새로운 형태의 치료법이다. ACT는 인지행동 치료와 마인드풀니스의 성공적인 결합으로 볼 수 있다. 마인드풀니스와의 공통점은 원치 않는 생각, 감정, 기억, 신체 감각, 상황과 계속 싸우는 것이 우울증의 원인이라고 보는 점이다. ACT는 이런 통제 노력이 비생산적이라고 본다. 불안, 고독, 암울함을 없애기 위해 막대한 시간과 에너지를 투자하다 보면 의미 있는 활동에 사용할 수가 없기 때문이다. 또 설사 의미 있는 활동을 하더라도 당사자는 자동적으로 하는 것이다. 생각이 딴 곳에 가 있어서 즐길 수가 없다. 따라서 ACT 치료의 첫 걸음은 수용의 학습이다. 경험하는 모든 것에 마음을 활짝 여는 것이다. 두 번째 걸음은 인지행동 치료와의 공통점으로, 생각의 영향에서 벗어나기 위해 생각과 거리를 취하는 것이다. 생각과 싸우지 않고 거리를 두고서 중립적 시선으로 생각을 비판적으로 점검하며 생각의 유용성을 따져 본다. 그런 후 자신에게 실제로 중요하고, 삶에 의미를 부여하는 것이 무엇인지를 살피고 조사한다.

자신이 (진정으로) 바라는 것을 알고 나면 새로운 인생을 향해 마지막 걸음, 결정적인 걸음을 내디딜 수 있다. 매일 내면의 목소리를 듣고 그에 따라 행동하는 법을 배울 수 있는 것이다.

어떤 심리 치료가 가장 좋을까?

이 장을 시작하면서 나는 엄청나게 많은 심리 치료법이 있다는 말을 했다. 어떤 사람은 치료사 숫자만큼 많은 치료법이 있다는 농담까지 할 정도이다. 인터넷에 들어가 심리 치료를 검색해 보면 정말로 엄청난 숫자의 치료법을 만날 수 있을 것이다. 전생 치료법Regression Therapy, NLP, 최면 요법Hypnotherapy, 이야기 치료Narrative Therapy, 교류분석 치료Transactional Analysis Therapy, 게슈탈트 치료Gestalt Therapy, 드라마 치료Drama Therapy, 실존 치료Existential Therapy, 페소 치료Pesso-Therapy, 통합 치료Integrative Therapy 등등. 전부 다 그럴 듯해서 당장 병을 싹 고쳐 줄 것 같지만 당신의 가족이 우울증 치료를 위해 이 중 한 가지 방법을 사용하는 치료사를 골랐다면 그건 도박과 다름이 없다. 우울증 치료에 효과가 있다고 과학적으로 입증된 방법들이 아니기 때문이다.

이 책에서 언급한 여러 치료 중 정부와 보험기관이 제시한 기준에 따라 연구가 되고, 그 효과를 입증한 치료는 인지행동 치료, 대인관계 치료, 해결중심 치료, ACT 네 가지다. 그중 마음챙김은 추후에 새로운 우울증 치료 방법으로 입증되었고, 영국에서는 국가적 차원의 치료 가이드 라인에서도 마음챙김을 권장하는 치료로 포함시켰다. 정신역동 치료와 내담자 중심 대화 치료는 그 치료의 특성상 효과를 입증하는 연구가 어렵고 기간도 길어 현재 모두에게 효과가 있다, 라는 근거 기반 실천에서는 제외된 상태다.

그럼에도 2009년 12월 10일 자 독일「심리 치료 실시에 관한 연방공동위원회 가이드라인」은 정신역동 치료와 인지행동 치료의 치료비를 의료 보험에서 부담한다고 정했다.*

다른 방법들은 제외하면서 이 두 가지만 선택한 이유는 심리 치료법의 가이드라인 기준이 질병의 발생과 기간, 질병의 치료에 대한 포괄적 이론뿐 아니라 넓은 범위에서 활

---

* 정통 정신 분석 방법으로 환자를 치료하는 네덜란드 치료사들은 독일의 동료들을 부러워할 것 같다. 네덜란드에서는 이 치료법이 효과가 과학적으로 입증되지 않았다는 이유로 2010년 3월에 보험 적용 대상에서 제외되었기 때문이다.

용 가능성을 입증해야만 하기 때문이다. 위에서 설명한 다른 치료법들은 이 중 한 가지 기준을 채우지 못하거나 두 가지 다 채우지 못하기 때문에 고려의 대상이 되지 못했다. (연방위원회는 부록에서 내담자 중심 대화 치료법이 심리 치료 가이드라인의 요구사항을 충족시키지 못한다고 별도로 언급하였다. 게슈탈트 치료, 사이코 드라마, 교류분석 치료 등도 같은 근거를 들었다.)

앞서 이미 말했듯 우울증 치료의 효과가 입증된 치료법은 단 네 가지뿐이다. 하지만 이것들의 효과 역시 우리가 지금껏 생각했던 것보다 훨씬 적다. 지금까지는 우울증 환자의 2/3가 치료의 도움을 받았다고 믿었다. 하지만 1천 건 이상의 연구 결과 데이터를 결합한 대형 연구 프로젝트에서 환자의 절반 정도만이 치료 후 상태가 좋아졌다는 사실이 밝혀졌다(Cuijpers 외., 2010년). 그중 40퍼센트는 저절로 (그러니까 치료를 안 받아도) 나았을 것이라는 사실을 생각한다면 참으로 실망스러운 결과가 아닐 수 없다. 또 이처럼 치료 효과가 과대평가 되어 온 이유가 불리한 결과는 대부분 아예 발표조차 하지 않았기 때문이었다는 사실도 확인되었다.

또 치료가 효과적이라고 해서 ('조건부 효과'라는 표현이 더 맞겠지만) 그 치료법의 이론적 전제가 옳다는 뜻은 아니다. 지금껏 그 어떤 치료법도 학술 연구를 통해 우울증을 바라보는 시각이 완벽하게 옳다는 확인을 받은 적이 없다.

그러니까 한마디로 말해 효과적인 치료법도 왜 그것이 효과가 있는지 아직 확실히 알 수 없다는 말이다. 그러나 이런 일은 의학에서는 흔한 일이다. 많은 질병과 통증에 적합한 치료법이 있지만 무엇 때문에 그것이 효과를 발휘하는지 우리는 알지 못한다. 우울증의 경우도 마찬가지여서, 다음 장에서 소개할 항우울제나 전기충격치료 역시도 무엇 때문에 효과가 있는지 정확히 알 수 없다. 또 어떤 사람한테는 효과가 큰데 다른 사람들에게는 그렇지 않은 이유 역시 밝혀지지 않았다. 그렇지만 일반적으로 환자의 인생관과 가장 일치하는 치료법이 가장 큰 효과를 발휘한다는 사실은 분명하다. 이것이 매우 중요한 사실이다. 여기서 다룬 여러 치료법을 미리 충분히 살펴서 각자 자신에게 맞을 것 같은 치료법을 선택할 수 있다면 회복의 기회도 따라 커질 테니까 말이다.

생물학적 치료법

심리 치료는 우울증 환자의 생각, 기분, 행동에 직접 개입하여 회복을 위해 노력한다. 생물학적 치료법도 목표는 동일하지만 신체를 출발점으로 삼는다. 심리 치료가 어떻게 효과를 발휘하는지 모르듯 생물학적 치료법의 효과에 대해서도 우리는 아는 것이 별로 없다. 하지만 대부분의 전문가들은 그 이유에 대해 이런 식으로 설명한다. 우리의 행동, 기분, 생각은 몸과 밀접하게 연결되어 있다. 우리 집에 방이 네 개인데 방문을 다 활짝 열어 놓았다고 생각하면 될 것이다. 방 하나의 온도가 올라가면 다른 방의 온도도 따라 올라갈 것이다.

우리의 기분과 생각, 행동이 신체 기능과 얼마나 서로 영향을 주고받는지 몇 가지 예를 들어 보자. 사랑에 빠지면 우리는 (그리고 주변 사람들도) 예전과 생각이 달라졌다고 느낀다. 자신과 미래를 훨씬 낙관적인 눈으로 바라보게 된다. 그리고 그에 맞게 행동한다. 그래서 느긋해지고 자주 생각에 잠긴다. 이런 마음의 변화는 신체 변화를 동반한다. 컨디션이 좋고 잠을 잘 자지 못하거나 반대로 잠을 잘 자고 입맛이 달라지며 집중을 잘하지 못한다.

또 열이 있으면, 그러니까 몸이 정상이 아니면 생각과 기분과 행동도 달라진다. 심할 때는 헛소리를 듣거나 헛것을 보기도 한다.

우울증에 걸리면 심리 기능에 중요한 화학 물질(신경 전달 물질과 호르몬)의 균형이 깨진다. 따라서 행동과 기분과 생각도 변한다. 운동을 하거나 약을 먹으면 (이 두 가지는 가장 중요한 생물학적 치료법이다) 이런 균형이 다시 회복될 수 있다.

한 번 더 말하지만 어떻게 해서 그렇게 되는지는 아직 아무도 모른다.

약보다 먼저 운동부터

정신과 의사 다비드 세르방 슈레베르David Servan-Schreiber는 혼자 힘으로 우울증을 이겨내는 치료법에 관한 책『*Guérir: le stress, l'anxiété' et la dépression sans médicaments ni psychanalyse*』*을 써서 베스트셀러 작가가 되었다. 이 책에는 이런 구절이 있다.

> 스스로 뇌의 작동을 바꿀 수 있다. 굳이 약을 먹거나 몇 년씩 카우치에 누워 상담을 받지 않아도 혼자서 뇌의 작동을 바꿀 수 있다. 나는 무엇보다도 주 3회 스피닝을 통해 우울한 생각을 줄일 수 있었다. (다비드 세르방 슈레베르, 2008년)

효과적이고 빠른 우울증 치료법은 바로 운동이다. 일주일에 최소 세 번, 가장 좋은 것은 매일 최소 30분씩 (숨이 찰 때까지) 파워 워킹을 하거나 자전거를 타거나 수영을 하면 경증은 물론이고 경중증 우울증까지도 항우울제 복용에 버금가는 효과를 볼 수 있다.

상태가 안 좋을수록, 지금까지 음식과 자동차, TV와 컴퓨터의 유혹에 자주 넘어간 사람일수록 운동 치료의 효과가

---

* 한국에서는 『치유: 우울증, 불안, 스트레스, 화』(문학세계사, 2010)로 번역되어 출간됐다.

더 크다는 연구 결과들이 있다. 운동의 긍정적 효과는 거의 모든 사람에게서 나타나며 잡생각이 줄어든다는 또 한 가지 이점이 있다. 몸을 쓰고 호흡이 가빠지면 잡생각을 할 여력이 없다. 조깅하는 사람들의 이야기를 들어 보면 15분만 뛰어도 자동적으로 긍정적 생각이 밀려드는 상태가 된다고 한다. 그리고 그런 긍정적 상태는 대부분 운동을 마친 후에도 몇 시간 동안 지속된다.

중증 우울증을 앓는 네덜란드 대학 강사는 몇 시간 자전거를 타면 굳었던 심리의 시동이 걸리며 그때 무슨 일이 일어나는지 이렇게 설명한다.

몇 킬로미터를 달리고 나면 시동이 걸리고 굳었던 몸은 물론 굳었던 인간관계와 마음도 풀린다. 10킬로미터를 달리고 나면 생각과 문장의 조각들이 머리에서 샘솟기 시작한다. 20킬로미터를 달리고 나면 아이디어와 계획들이 로켓처럼 솟구친다. 30킬로미터를 달리고 나면 주변 사람들에게 다정한 마음을 품게 된다. 그 순간 세상은 색깔과 깊이를 되찾는다.

(마르턴 반 뷰런Maarten van Buuren, 2008년)

운동을 하면 일상에서 만나는 모든 것들(아이들, 친구들, 애완동물, 식사, 독서, 음악)에서 더 큰 즐거움을 느낀다. 운동은 부작용이 없다. 우울증이 회복된 후에도 운동을 계속하면 재발 위험률이 항우울제로 나은 사람들보다 1/3이나 더 낮다.

이처럼 운동은 항우울제 못지않은 효과를 발휘하는 데서 그치지 않고 더 많은 긍정적 효과를 발휘한다. 운동은 몸무게를 건강하게 유지시키며 성욕을 높이고 수면의 질을 개선하고 면역 체계와 뼈를 튼튼하게 하며 심장 질환과 특정 종류의 암을 예방하며 심지어 치매의 진행 속도까지 늦출 수 있다. 한마디로 몸과 마음에는 음식과 물, 공기와 잠 못지않게 운동이 필요하다는 말이다. 운동은 1차적 욕구다. 운동이 부족하면 언젠가 꼭 대가를 치르게 된다.

항우울제

우울증을 막는 의약품을 항우울제라고 부른다. 먹어도 금방 효과가 나타나지 않는 경우가 많은데 증상이 처음 개선될 때까지(마음이 더 안정되고 잠을 더 잘 자게 될 때까지) 최장 3주가 걸린다. 하지만 기분이 나아지는 최고의 효과는 3~6주가 지나야 나타난다.

항우울제는 종류가 많다. 약의 효과도 사람마다 다르다. 어떤 사람은 A 약품이 잘 듣고 B 약품은 거의 효과가 없는데 다른 사람은 정반대다. 모든 약은 부작용도 있기 마련인데 이 부작용 역시 사람에 따라 다르게 나타난다. 이런 모든 요인을 감안할 때 여러 가지 약을 먹어 보고 자신에게 맞는 것을 찾아야 한다. 하지만 옳은 약을 찾기가 모래사장에서 바늘 찾기만큼 힘들 때도 많다. 특히 졸리고 멍하고 혈압이 떨어지고 입이 바짝바짝 마르고 땀이 솟구치고 몸무게가 늘고 눈앞이 흐리고 속이 메스껍고 변비가 생기고 어지럽고 감정이 무뎌지고 성욕이 사라지고 두통이 있을 때는 반드시 약을 바꾸어야 한다. 복용을 계속하면 부작용이 어느 정도 줄어들기는 하는데, 대부분 그 기간이 2~3주다. 지난 몇십 년 동안 제약 회사들의 꾸준한 노력 덕분에 항우울제의 부작용이 어느 정도 줄기는 했다. 그래서 이런 최신 항우울제들(특히 플루옥세틴, 플루복사민, 세로자트, 트리빌로르, 벤라팍신)은 1950~1960년대 시중에 유통되던 약품(소위 삼환계 항우울제)에 비해 불쾌한 부작용이 훨씬 덜하다. 하지만 "불쾌감이 덜하다"는 말은 상대적 개념이다. 요즘 나오는 선택적 세로토닌 재흡수 억제제(Selective Serotonin Reuptake Inhibitors, 줄여서 SSRI) 역시도 (성욕 감퇴 및 발기 불능과 같이) 환자에게 심한 불쾌감을 줄 수 있는 부작용이 있다. 제약 회사들도, 의사들도 항우울제의 부작용은 인정하지만 (그래서 "부작용이 없으면 효과도 없다"는 말로 슬쩍 넘어가려고 하지만) 대신 절대 중독성은 없다고 장담한다. 물론 그 중독성이란 것이 점점 더 복용량이 늘어난다는 의미다. 하지만 약을 끊으면 다른 중독(흡연, 알코올)과 마찬가지로 금단 현상이 나타나는 약도 있다. 환자가 예전에 겪었던 우울 증상과 비슷한 증상이 나타나는 것이다. 특히 약을 갑자기 끊을 경우 더욱 금단 현상이 심하다. 소설 속 여주인공의 이야기를 들어 보자.

의사의 도움을 받아 서서히 단계적으로 약을 끊었는데도 막스는 타박을 해댔다. 계속 어지러웠다. 너무 어지러워 속이 매스꺼울 지경이었다. 심장은 실력 없는 춤꾼처럼 박자도 못 맞추고 아무 때나 툭툭 뛰었다. 심장이 비틀거리는 것 같았다. 비틀거리니 귀엽기도 했지만 무섭기도 했다. 그렇게 내 심장과 나는 약을 끊은 그 아름다운 시간 내내 비틀거렸다. 심장과 함께 기분도 오르락내리락 했다. 속이 매스꺼워 신경이 곤두섰고 새로운 나의 행복에서 문제를 발견하지 못해서 짜증이 났다. 나는 예민해져서 한밤중에 자다가 깨서 엉엉 울었다. 그냥 아무 이유도 없이. (…)

막스가 울렁거리는 속을 달래라며 껌을 사다 주었다. 나는 인터넷 사이트에 들어가서 내 끔직한 증상이 심근 경색의 전조가 아니라 실제로 금단 현상이라는 사실을 주기적으로 확인했다. 그래야만 견딜 수 있었다. 하지만 3주가 지나자 넌더리가 났고 내 몸도 그랬다. 내 몸이 마침내 그러지 말자고 결심을 하였는지 하루아침에 기름칠을 한 듯 다시 잘 돌아갔다.

(사라 쿠트너, 2009년)

요즘 의사라면 대부분 가장 최근에 개발된 항우울제를 제일 먼저 처방할 것이다. 그 약이 안 들으면 예전의 '좀 더 무거운' 약으로 바꿔 보자고 제안할 것이다.

항우울제가 듣지 않으면 리튬으로 추가 치료를 해 볼 수 있다. 이 약품은 항우울제의 효과를 강화할 수 있다.

리튬은 삼환계 항우울제와 결합하여 사용하면 50퍼센트의 경우에서 효과를 발휘한다. 삼환계 항우울제와 리튬을 같이 복용한 후 뚜렷한 개선 효과가 나타나지 않는 10퍼센트의 경우는 MAO 억제제(다른 종류의 항우울제)로 효과를 볼 수 있다. 이 경우 복용 환자의 절반이 증상이 개선되는 효과를 볼 수 있다. MAO는 Mono Amine Oxidase의 약자로 뇌의 화학 구조에서 중요한 물질이 제거되는 것을 막아 준다. 이 약은 혈압 상승 같은 부작용을 동반할 수 있어서 환자는 (저염식 같은) 특별한 식사법을 지켜야 한다.

심리 치료의 효과가 예상보다 적다는 사실은 이미 앞에서 말했다. 안타깝게도 항우울제 역시 다르지 않다. 영국 학자들이 2008년 초에 항우울제의 효과를 연구하여 그 결과를 의학 잡지 『뉴 잉글랜드 저널 오브 메디슨』에 발표하였다. 그에 따르면 항우울제의 효과는 항상 과대평가되었고, 그 이유는 심리 치료의 효과를 과대평가한 이유와 동일하다. 반대되는 결과는 공개하지 않았기 때문이다(Turner 외,

2008년). 공개되지 않은 연구 결과까지 합쳐서 살펴보면 심각한 중증 우울증을 제외하고는 항우울제와 플라시보 약의 효과 차이가 매우 미미했다. 그러니까 현대의 항우울제는 효과가 매우 적다는 말이다. 한 실험 집단에게는 항우울제를 주고 다른 집단에게는 같은 부작용이 있는 플라시보 약제를 주었더니 심지어 항우울제의 효과가 더 적었다는 연구 결과도 있다(Hubble 외, 1999년).

왜 부작용이 있는 플라시보 약을 사용할까? 부작용이 없는 플라시보 약은 환자가 가짜라는 것을 알아차릴 수 있다. 그러나 부작용이 있으면 알아차리지 못한다.

마지막으로 항우울제에 대해 한마디 더 하고 싶다. 세계에서 가장 유명한 의학 잡지 중 하나인 『더 란싯*The Lancet*』은 2016년 아동과 청소년에게 가장 많이 처방하는 항우울제 14종에 대한 정밀 연구 결과를 발표하였다(Cipriani 외, 2016년). 그에 따르면 이들 항우울제는 소수의 예외(효과가 매우 적은 경우)에 이르기까지 큰 효과가 없었다. 따라서 이 잡지는 항우울제를 아동과 청소년에게 처방해서는 안 된다는 결론을 내놓았다. 그러나 안타깝게도 현실에선 지금도 여전히 너무나도 많이 항우울제를 처방하고 있다.[*]

---

[*] 항우울제의 효과에 대한 본 설명은 한국 정신건강의학계의 견해와 다를 수 있다.

어떤 치료가 최선일까?

"내 가족이 나았으면 좋겠어요. 그런데 어떤 치료를 받게 해야 할까요?" 앞의 글을 읽고 나면 절로 이런 의문이 들 것이다.

전문가도 환자도 선택의 고통에 신음하고, 끝없이 쏟아지는 우울증 치료 연구 결과들을 다 읽어 볼 수는 없기 때문에 서구의 여러 나라가 학술 연구 결과를 바탕으로 추천하는 행동 지침을 담은 가이드라인을 발표하였다. 독일의 경우 (아직) 우울증 치료를 전문으로 다룬 가이드라인은 없기 때문에 이후부터는 가이드라인이 대체적으로 비슷한 네덜란드와 영국을 기준으로 삼을 것이다.**

어떤 치료를 선택해야 할까? 답은 (앞서 말한 두 나라의 가이드라인에 따르면) 다음의 요인에 달려 있다.

**   네덜란드에선 2005년에 5대 주요 직업 단체(일반의, 정신과 의사, 간병 및 요양보호사, 심리학자, 심리 치료사)의 대표와 몇몇 환자 및 가족 단체가 만든 종합 가이드라인을 선보였다(CBO & Trimbos-instituut, 2005년). 영국의 경우는 그보다 한 해 빠른 2004년에 나이스 가이드라인(Nice, National Institute for Clinical Excellence, 2004년)이 정해졌고, 이에 대해서는 마음 챙김을 설명하면서 이미 소개하였다. 이 두 나라의 가이드라인은 이미 개정판이 나왔다. 독일의 경우 (아직) 우울증에만 해당되는 특수한 치료 가이드라인은 없다. 하지만 일반적인 심리 질환의 치료와 관련된 '심리 치료 가이드라인'이 존재한다. 나는 이 책의 몇 군데에서 앞서 언급한 가이드라인들을 벗어나 내 개인적 견해로 어떤 선택이 가장 좋은지 설명할 것이다. 물론 당신의 판단을 돕기 위해 각 선택의 근거를 제시할 것이다.

올바른 치료 선택의 요인

1. 우울증이 처음인가, 아니면 이미 한 번 혹은 여러 번 우울증을 앓은 경험이 있는가?
2. 얼마나 중증인가?
3. 환자 자신이 어떤 치료법을 선호하는가?

그다음으로 이 요인들에 대해 조금 더 자세히 살펴보기로 하자.

일단 좀 기다려라?

앞서 말했듯 네덜란드와 영국의 가이드라인은 대체적으로 비슷하다. 다만 경증 우울증으로 처음 의사를 찾은 환자일 때는 차이가 난다. 우울증 환자의 40퍼센트는 치료를 받건 안 받건 3개월 안에 낫기 때문에 네덜란드에서는 당장 치료를 시작하지 말고 일단 기다리라고 권한다. 특히 경증 우울증이 스트레스나 충격적인 상실 등 명확한 심리 사회적 요인으로 발생하였거나 환자 자신이 치료를 원치 않을 경우 기다릴 것을 권한다. 하지만 "기다린다"는 말은 오해의 소지가 있다. 영국의 가이드라인도 그렇지만 네덜란드의 가이드라인 역시 의사에게 당장 환자에게 우울증이라는 사실을 알릴 것을 권하기 때문이다. 그러니까 우울증이 대부분 어떤 식으로 진행되며 매일 운동을 하고 규칙적인 일과를 유지하는 것이 얼마나 중요한지 환자에게 설명하라는 것이다. 그런 설명만 들어도 우울증 증상이 완화된다는 사실은 9천 번의 실험 결과를 모은 메타 분석에서도 입증되었다(Donker, T., Griffiths, K.M., Cuijpers, P., Christensen, H., 2009년).

두 나라의 가이드라인은 의사에게 일정 기간 환자를 유심히 살피고 정기적으로 상담을 하여 우울증의 경과를 지켜볼 것을 권고한다. 또 환자에게 셀프 헬프 치료(독서 치료 bibliotherapy)나 인지행동 치료 원칙을 따르는 인터넷 치료(이에 대해서는 잠시 후에 자세히 설명할 것이다)를 설명하라고도 권고한다. 이 두 가지 치료법은 너무 상태가 심각하지 않은 우울증일 때 항우울제나 심리 치료, 정신과 치료 못지않은 효과를 발휘한다. 하지만 독서 치료는 (대면이든 전화든 이메일이든) 진전되는 상황을 체크할 전문 조력가의 지원이 필요하다(P. Cuijpers 외, 2008년). 그룹 형태의 인지 치료 역시 매우 효과적이다. 영국의 가이드라인은 이것을 초기 치료의 바람직한 형태로 권고한다.

한마디로, 처음으로 우울증을 겪는 환자에게 "기다린다"는 말은 상대적인 개념이다. 이 말은 수동적인 느낌(시간이 약이다)을 풍기지만 활동을 개진하고 치료를 시작하라는 뜻이다. 아무것도 하지 말라는 뜻의 수동적 의미가 아닌 것이다. 따라서 두 나라의 가이드라인은 규칙적인 운동의 중요성을 강조한다. 환자에게 운동의 중요성을 알릴 것을 의사에게 권고한다. 영국은 단체로 또는 다른 사람과 함께하는 운동을 권유한다. 최근에 나도 친구에게서 운동의 효과를 전해 들었다. 친구는 2년 전에 우울증을 앓았는데 당시에 운동이 큰 도움이 되었다고 했다.

우울증이었지만 심리 치료는 무서웠고 약도 먹고 싶지 않았어. 인터넷에 들어가 보니 '러닝 테라피'가 우울증에도 효과가 있다고 하더라고. 내가 워낙 운동을 좋아하는 사람이고 학교 다닐 때도 대학에서도 달리기를 잘했잖아. 그래서 매일 조깅을 하자고 결심했지. 운이 좋았던 게 마침 어떤 여자 분을 만났는데 아들을 학교에 보내고 매일 아침 9시 15분에 조깅을 한다고 하시더라고. 그래서 같이하면 어떠냐고 물어 봤더니 좋다고 하셨지. 우리는 매일 우리 집 앞 다리에서 만나 같이 달렸어. 그분 덕분에 가기 싫어도 억지로 일어나게 되고 또 같이하는 사람이 있으니까 아침에 일찍 일어나려고 밤에 일찍 자게 되고, 그러다 보니 아무래도 생활이 규칙적이 되었지.

처음 발병한 경증 우울증 환자에게도 곧바로 항우울제

를 처방하게 된 것은 최근에 와서다. 네덜란드와 영국의 가이드라인은 이런 경우의 항우울제 처방에 소극적이며 심지어 항우울제의 통상적 처방은 장점보다 단점(부작용)이 더 많다고 경고한다. 처음 발병한 경증 및 중경증 우울증 환자에게는 몇 달 동안 병이 지속된 경우에만 항우울제 처방을 권고한다. 그렇지 않을 때는 다른 치료법이 듣지 않았을 경우에 약을 처방하라고 권고한다. 그럼 어떤 치료법이 있을까? 이제부터 알아보기로 하자.

치료 초기: 네 가지 치료 접근

1. 인터넷 치료(인터넷 텍스트 기반 자조적 인지행동 치료)

마흔두 살의 한 여성이 심리 치료에 대한 경험과 그 대안에 대해 이렇게 말한다.

심리 치료 상담은 견디기가 힘들다. 45분의 시간이 주어지는데 치료사와 나 사이에 시계가 놓여 있다. 끝나면 돈을 내야 한다. 가끔은 의료 보험에 제출할 소견서도 받는다. … 글을 쓰는 건 훨씬 참을 만하다. 한 단어 한 단어 충분히 고민하고, 한 문장 한 문장 스무 번 고쳤다 쓰고 나서 되었다 싶을 때 보낼 수 있다. 글로 쓴다고 경험의 강도가 덜한 것은 아니다. 아니 오히려 더 강렬해질 수 있다.

(크리스티엔 헴메레히츠, 1998년)

당신의 가족도 이 여성처럼 심리 치료는 안 받고 싶지만 그렇다고 혼자서 우울증을 이겨낼 자신은 없을지 모른다. 그럴 때는 인터넷 치료를 고려해 볼 만하다. 특히 이 여성처럼 글쓰기를 좋아한다면 말이다.

인터넷 치료란 말 그대로 인터넷을 이용해 (이메일로) 치료사와 연락하며 상담을 받는 것을 말한다. 치료 내용은 대부분 인지행동 치료의 과제다. 이 방법의 장점은 환자가 가장 유리한 시간에 과제를 할 수 있다는 점이다. 또 답변을 고민할 시간이 많고 익명이며(대기실에서 아는 사람을 만날까 걱정하지 않아도 된다), 대기할 필요가 없고, 일반 치료의 경우 상담을 일주일에 한 번 하는데 일주일에 두 번 하기 때문에 치료의 진행 속도가 빠르다.

효과에 대해서는 걱정할 필요가 없다. 정식 치료에 전혀 뒤지지 않는다. "너무 거리가 있지 않아요?" 이런 질문에는 내 개인의 경험담으로 답변을 대신하고 싶다.

2000년 무렵, 나는 4년에 걸쳐 노인 인터넷 치료 프로그램 개발에 정성을 쏟았다. 그 소식을 들은 많은 동료가 걱정했다. 제일 많이 들었던 걱정이 치료가 성공하려면 치료사와 환자 사이에 신뢰 관계가 형성되어야 하는데 인터넷 치료로 그게 가능하겠느냐는 것이었다. 얼굴도 한 번 안 보고 어떻게 서로를 믿을 수가 있을까?

그러나 막상 인터넷 치료 프로그램이 완성되고 15명의 환자가 신청하면서 치료가 시작되자 놀랍게도 나와 환자들 사이에 매우 든든한 신뢰 관계가 형성되었다. 심지어 예전의 상담 치료 때보다 더 관계가 돈독했다. 나는 인터넷 치료 환자들을 칭찬하기 시작했다. 정식 치료 환자들과 달리 대부분의 환자들이 매우 규칙적이고 양심적으로 과제를 마쳤고 중간에 그만두는 환자도 거의 없었으며, 환자가 상담 당일에 예약을 취소하거나 지각을 해서 당혹스러운 일도 없었다. 어떨 땐 환자들이 과제를 너무 열심히 해서 감탄스러울 때도 있었다. 환자들이 인터넷으로 어떤 글을 보낼까 은근 기다릴 때도 많았다. 치료가 성공적으로 끝났을 때는 자부심도 들었지만 한편 환자들이 나 없이도 자기 길을 갈 것이라는 사실이 살짝 슬프기도 했다. 환자들의 글을 받고 답장을 보내기까지 하루 이틀 시간이 있었기 때문에 그 시간 동안 전문 서적을 읽거나 동료에게 자문을 구할 수 있었다는 점도 인터넷 치료의 장점이었다. 덕분에 항상 나의 가장 좋은 면모만 보여 줄 수 있었다.

왜 군이 이런 기억을 불러들여 자세히 적는 것일까? 흡족했던 나의 첫 인터넷 치료 경험이 훗날 다양한 연구 결과로도 입증되었기 때문이다. 거리가 멀어도 인터넷 치료는 절대 냉정한 치료법이 아니다. 치료사와 환자는 일반 치료에 결코 뒤지지 않는 돈독한 관계를 만들어 갈 수 있다.

2. 독서 치료

인터넷 치료와 더불어 많이 사용되는 또 한 가지 초기 치료법으로는 독서 치료가 있다. 말 그대로 책을 이용한 셀프 헬프 치료법이다. 경증과 경중증 우울증의 경우(우울증의 2/3가 여기에 해당된다) 대면 치료 못지않게 효과적이고 비용도 훨씬 적게 든다. 셀프 헬프는 또 환자와 치료사의 '케미'가 안 맞을 위험이 없다는 장점이 있다. 그리고 환자 스스로 가장 확신이 가는 과제를 선택할 수 있다. 셀프 헬프 책에는 보통 다양한 (효과가 입증된) 과제들이 들어 있어서 독자가 알아서 선택을 할 수가 있다.

만인에게 통하는 치료법은 없다. 독서 치료도 마찬가지다. 독서 치료는 인터넷 치료와 달리 글을 잘 쓸 필요가 없다. 자신이 해결한 과제는 자기 혼자밖에 모른다. 하지만 격려를 해 주는 사람이 없으므로 혼자 노력하는 법에 어느 정도 익숙해져야 한다.

3. 온라인 치료(영상 기반 인지행동 치료)

온라인에서 제공되는 치료법을 혼자서 쫓아가며 배우

는 온라인 치료는 인터넷 치료보다 훨씬 접근이 쉽다. 글자와 음성 정보, 짧은 영상, 애니메이션을 활용해 수업을 하고 과제를 내주는 방식으로 치료가 진행되며 인지행동 치료 프로그램에서 차용한 이완법, 걱정을 줄이고 건설적인 생각을 더 많이 하는 방법을 가르친다. 온라인 치료의 효과는 의사와 함께 진행할 때 가장 좋다고 한다. 실험 결과들이 반복하여 강조하듯 셀프 헬프 프로그램의 효과는 제3자와 정기적으로 접촉을 할 때 확연히 증가하는 법이다. 사실 누구나 마찬가지다. 스스로 선택한 길을 흔들리지 않고 꾸준히 걸어가기 위해서는 옆에서 도와주는 사람이 필요한 것이다.

4. 시리어스 게이밍 SERIOUS GAMING(치유적 게임 접근 치료)

앞으로 심리 치료사들은 디지털 프로그램과 치열한 경쟁을 해야 할 것 같다. 우울증 환자들이 치료 프로그램을 따라하도록 도와주는 셀프 헬프 앱이 날로 늘어나고 있으니 말이다. 가령 환자가 9시가 되어도 아직 일어나지 않고 12시가 되었는데도 산책을 하지 않는다면 센서를 통해 상황을 파악한 앱이 무슨 일이 있냐고 묻고 일정 계획을 알려준다.

시리어스 게이밍은 여기서 한 걸음 더 나아가 게임을 치료에 활용한다. 따라서 심즈 The Sims 같은 게임을 하며 자란 젊은 층의 큰 호응을 기대할 수 있다. 뉴질랜드 오클랜드 대학교 학자들은 경증에서부터 중등증까지 우울증을 앓는 청소년들을 위해 컴퓨터 게임 SPARKT를 개발하였다. 가상 역할극을 통해 일상 상황의 대처법을 가르치는 게임으로, 보통은 치료사와의 대면을 통해서만 배울 수 있는 능력들을 게임을 통해 쉽게 배울 수 있게 하였다. 인지행동 치료를 기틀로 삼은 이 게임을 이용하면 누구나 4~6주 동안 즐겁게 스트레스와 부정적 감정에 대처하는 방법을 배울 수가 있다. 유명한 『브리티시 메디컬 저널 British medical journal』에 발표된 같은 대학의 연구 결과를 보면 게임의 효과는 심리 치료사의 정식 치료에 전혀 뒤지지 않는다.

초기 우울증이 지나가지 않으면

영국과 네덜란드의 가이드라인은 경증에서 중등증 우울증이 세 달 넘게 지속되었을 때 집중 치료가 필요하므로 항우울제와 심리 치료 중 하나를 선택하라고 권고한다. 네덜란드 가이드라인의 문구를 그대로 옮겨 적어 보면 다음과 같다. "효과 있는 두 가지 치료법이 있으므로 우울증의 정도와 환자의 성향을 고려하여 한 가지를 선택할 수 있다."

심리 치료를 선택할 경우 이들 두 가이드라인은 인지행

동 치료와 대인관계 치료를 권한다. 우울증 이외에 관계의 문제가 추가될 경우 부부 심리 치료를 권고하며, 상담은 개별적으로도 가능하고 (환자가 그럴 의향이 있다면) 집단으로도 가능하다. 영국의 가이드라인은 위에서 말한 선택을 둘 다 거부하는 환자에게는 단기간(4~6개월에 걸쳐 16~20회의 상담)의 정신역동 심리 치료를 추천한다.

앞서 언급한 치료 형태들은 개별적으로 제공될 수 있지만, "의욕이 있는 환자들에게는 집단적으로 제공해도 마찬가지로 효과적인 치료법"이다. 그러나 해결 중심 치료법은 가이드라인에 포함되지 않는다. 이유는 아마도 영국 가이드라인이 발표될 시점에 아직 이 치료법에 대한 연구가 충분하지 않아서 효과를 입증할 수 없었기 때문일 것이다. 또 한 가지, 항우울제와 관련해서는 영국 가이드라인의 입장이 더 이상 100퍼센트 현실적이지는 않다는 것이 나의 생각이다.

2008년 초 영국 학자들은 항우울제 효과를 연구하여 그 결과를 『뉴 잉글랜드 저널 오브 메디슨』에 요약 발표하면서, 항우울제 효과가 과대평가된 이유는 항우울제에 불리한 연구 결과가 발표되지 않았기 때문이라고 단언하였다 (Turner 외, 2009년). 미발표된 연구 결과를 포함할 때 항우울제의 우울증 억제 효과는 플라시보 약제에 비해 겨우 2퍼센트밖에 더 높지 않다고 말이다. 이 탁월한 연구 결과가 나오기 전에도 이미 몇 차례 항우울제의 효과가 제약회사의 주장보다 훨씬 떨어진다는 연구 결과가 여러 차례 전문 잡지에 발표되었다. 미국 학자 어빙 커시Irving Kirsch와 가이 사피어스테인Guy Sapirstein이 1998년에 실시하여 「Listening to Prozac but hearing Placebo」라는 제목으로 발표한 메타분석(기존의 연구 결과 자료를 공동 분석하는 방대한 연구) 결과가 대표적인 사례다. 널리 보급된 우울증 평가 도구인 해밀턴 우울증 평가척도Hamilton Rating Scale for Depression로 따져 볼 때 항우울제의 개선 효과는 1.8에 불과했다. 물론 이 평가척도가 0(낙이 거의 없다)에서 51(어디가 제일 뛰어들기 좋은 곳인지 보려고 철로로 향한다)까지로 매우 정밀하게 나뉘어 있다는 사실을 안다면 그것만 해도 엄청난 개선 효과라고 생각하게 될 테지만 말이다.

네덜란드 가이드라인이 2005년에 발표되었을 때 네덜란드 가정의 협회와 환자 단체 '판도라'는 서명을 거부했다. 항우울제가 우울증 치료에서 훨씬 더 큰 역할을 한다고 믿었기 때문이다. 아마 당신은 이미 내가 무슨 이야기를 하고 싶은 것인지 짐작했을 것이다. 3개월이 지나도 우울증이 사라지지 않는다면 나는 이 가이드라인을 따르지 않고 다른 조언을 해 줄 것이다. 다시 말해 이제 항우울제는 그만 먹으라고 권할 것이다. 이유는 세 가지다.

첫째 인구의 절반 이상이 항우울제를 먹지 않으려고 하

고, 먹겠다는 사람들도 절반은 권장 기간보다 일찍 약을 끊어 버린다. (한 달 안에 끊는 비율이 25퍼센트, 여섯 달 안에 끊는 비율이 50퍼센트다.) 계속 약을 먹는 사람들 중에서도 가이드라인이 권장하는 복용량을 지키는 사람은 1/3에 불과하다. 그리고 약을 안 먹거나 도중에 끊거나 자기 마음대로 복용량을 줄이는 일 없이 가이드라인이 시키는 대로 잘 따르는 소수의 환자들은 안타깝게도 불쾌한 부작용과 싸워야 한다.

둘째 항우울제는 생물학적 측면을 대상으로 할 뿐 환경에는 아무 영향을 미치지 못한다. 우울증은 생물학적 소인과 환경의 결합으로 발생한다. 따라서 항우울제는 원인의 절반밖에 손을 대지 못하는 셈이다.

셋째 항우울제를 먹으려면 반드시 의사와 상담해야 한다. 가이드라인은 환자를 지지하는 정기 상담과 병행하여 항상 약을 처방해야 한다고 권한다. (꾸준한 복용을 독려하는 차원에서도 상담이 필요하다고 본다.) 하지만 상담이 필수라면 굳이 부작용과 씨름해 가면서까지 약을 먹을 이유가 무엇이란 말인가. 그냥 상담 치료만 받으면 될 것이 아닌가? 항우울제를 먹어야 할 이유가 사라진다. 그럼 어떻게 하란 말인가? 만일 나라면 중증이 아닌 경증 환자에겐 운동과 심리 치료의 병행을 권장할 것이다(중증 환자에 대해선 다음에서 설명하겠다). 이미 말했듯 운동은 단기적 효과 면에선 항우울제에 조금도 모자라지 않으며, 장기적으로는 심지어 항우울제의 효과를 넘어선다. 그러므로 우울하더라도 억지로 몸을 움직이는 것이 좋다. 또 운동은 부작용이 없고 정신 건강은 물론이고 신체 건강에도 유익하다. 심리 치료에 대해서도 같은 말을 할 수 있을 것이다. 심리 치료 역시 항우울제보다 효과가 덜하지 않고 장기적으로는 효과가 더 크다. 또 재발될 우려가 적고 새로운 우울증의 발생 억제 차원에서도 항우울제보다 효과가 더 뛰어나다. 네덜란드 가이드라인과 거의 동시에 영국에서 나온 나이스 가이드라인(NICE, National Institute for Clinical Exellence, 2004)에서는 중등증 우울증에는 항우울제가 아닌 심리 치료를 권한다. 심리 치료는 운동과 마찬가지로 부작용이 없다. (물론 심리 치료사를 잘못 만나 심리적 피해를 입을 수는 있다.)

심리 치료를 권하는 세 번째 이유는, 심리 상담이 두뇌에서 항우울제와 같은 화학적 변화를 일으킨다는 연구 결과 때문이다. 일련의 두뇌 스캔 결과가 입증하듯 심리 치료를 받으면 항우울제를 복용할 때와 같은 속도로 세로토닌 수치가 상승한다(Mieras, 2007년). 그러니까 두뇌는 말을 통해서도 바뀌는 것이다.

그뿐만이 아니다. "우울증 치료를 받은 환자들을 대상으로 실험을 해 보았더니 행동 치료는 항우울제와 마찬가지로 전전두피질 밑면뿐 아니라 대상회와 해마의 활동성을 높

였다. 감정과 기억 통제력도 개선되었다."(Mieras, 2007년)

가이드라인은 심리 치료 기간에 대해서는 확실히 정하지 않았다. 한 달 동안 안정적일 때(즉 해밀턴 평가 기준으로 8점 이하일 때)까지 계속할 것을 권한다. 물론 학계에서도 아직 최적의 심리 치료의 기간에 대해서는 의견이 부족한 상태지만 이 충고는 현실적이지가 못하다. 환자의 상태가 충분히 개선되지 않을 경우 무한정 치료를 받으라는 의미일 수 있기 때문이다(Spijker 외, 2006년). 따라서 16회 상담(대부분의 연구가 이 기간을 기준으로 삼는다) 이후에도 결과가 충분하지 않을 경우 다른 치료법을 택하는 것이 좋다. 그럴 경우엔 항우울제도 한 가지 방법으로 고려할 수 있을 것이다. 심리 치료도 항우울제도 망설여진다면 세인트 존스 워트St. John's wort가 합리적인 대안일 것이다. 가이드라인도 그렇게 권하고 있다. 미국에서는 "천연 프로작"이라고 부르며 독일에서는 오래전부터 항우울제 대용품으로 통하는 이 천연약제는 경증과 중등증 우울증에서 항우울제 못지않은 효과를 발휘한다.

우울증이 되돌아오면

depression.nl에 따르면 1차 우울증을 완치한 환자의 절반이 재발을 겪는다고 한다. 두 번 우울 에피소드를 겪은 사람은 재발 가능성이 70퍼센트이며, 세 번 경험한 환자는 재발 위험이 80퍼센트에 이른다. 따라서 우울증을 반복되는 장애로 보는 사람들도 있다. 심리 치료는 이런 재발 위험을 감안해 치료 중에 항상 재발 예방이나 신호 감지 플랜을 작성한다. 환자가 치료사와 함께 우울증의 신호일 수 있을 증상 리스트를 작성하는 것이다. 그럼 혹시라도 조짐이 보일 경우 빠르게 개입하여 우울증의 재발을 막을 수 있다. 가령 이런 행동들이 알람을 울리는 조기 경보 신호가 될 수 있겠다. 집안일을 게을리 하고, 아무것도 아닌 일에 짜증을 내며, 소음에 예민해지고 자고 나도 개운치 않고 하루를 살아낼 일이 막막하고 걱정이 많아지며 횡경막이 아프다.

최근까지만 해도 항우울제가 재발 방지에 가장 좋은 치료법이라고 생각했다. 하지만 이것이 고루한 생각이라는 사실은 최근의 연구 결과들이 입증한다(Bockting 외 2018년). 재발 위험을 낮추기 위해 투약하는 항우울제는 단기적으로 보완하는 차원에서 사용해야 한다. 8회 상담하는 예방 인지 치료와 함께 항우울제를 복용한 사람은 항우울제만 먹은 사람에 비해 재발 확률이 41퍼센트 줄었다. 네덜란드 학자들이 『더 란싯*The Lancet*』 정신의학지 Psychiatry에 발표한 연구 결과는 약만 먹는 경우, 약과 예방 상담 치료를 병행하는 경우, 심리 치료를 하면서 약을 줄인 경우, 이 세 가지 중 어떤 것이 가장 효과가 좋은지를 연구한 내용이다. 세 번, 네 번, 다섯 번의 재발 위험을 가장 많이 낮춘 것은 두 번째 방법이었다. 치료와 함께 항우울제를 줄인 경우는 약만 먹는 경우와 효과가 같았다. 다시 말해 약만 계속 먹는다고 해서 재발 위험을 낮출 수는 없다는 말이다.

중증 우울증

영국과 네덜란드의 가이드라인은 중증 우울증 환자에게 항우울제나 심리 치료를 권고하며 둘을 병행할 때는 심리 치료를 우선하라고 명시한다.

그러나 경증이나 증경증 우울증과 달리 항우울제 사용을 망설일 이유가 없다. 이유는 두 가지 때문이다.

첫째, 중증 우울증 환자는 마음이 너무 혼란스러워서 상담이 먹히지 않는다. 이럴 때 항우울제를 쓰면 우울증이 누그러지기 때문에 심리 치료가 효과를 발휘할 수 있다. 특히 드물지만 정신병적 우울증이어서 환각과 망상이 동반될 때는 반드시 항우울제 치료가 필요하다.

둘째, 중증 우울증에는 (경증이나 중경증과 달리) 항우울제의 효과가 입증되었다.

실제로 중증 우울증일 때 항우울제만 사용하는 경우가

적지 않다. 영국은 물론이고 네덜란드의 가이드라인도 이를 '허용한다.' 하지만 나는 항우울제 복용은 원칙적으로 심리 치료를 동반하는 것이 좋다는 입장이다. 심리 치료가 단기적으로 항우울제의 효과를 강화하는지의 여부는 아직 정확히 알지 못하지만 향후 또 다른 우울증의 발병 위험을 낮춘다는 사실은 명확히 입증되었다. 그 이유는 간단하다. 약은 한 사람의 생활환경이나 사고방식을 바꿀 수 없다. 앞으로 우울증이 발생할 위험을 줄이자면 생활방식을 바꾸어야 한다. 다시 말해 자신에 대해 생각하는 방식, 문제를 해결하고 타인과 교류하는 방식 등을 바꾸어야 하는 것이다.

중증 우울증을 심리 치료만으로 치료하는 방법 역시 가이드라인에서는 허용한다. 올바른 결정이라고 생각한다. 중증 우울증일 때 심리 치료의 효과가 항우울제의 효과를 넘어선다는 여러 연구 결과가 나와 있으니 말이다(Marc Blom, 2007년, R. J. DeRubeis 외, 2005년, J. Hopkins Tanne, 2005년). 중증 우울증 환자라고 해서 모두가 합리적 대화가 불가능할 정도로 정신이 '나갔다거나' 혼란스럽지는 않다. 이런 경우에는 처음부터 심리 치료로 접근해도 괜찮다.

세 번째 선택지는 약물과 심리 치료의 병행이다. 어쨌든 약물만 쓰거나 심리 치료만 해서 효과가 충분하지 않을 때에는 이 방법이 적절하다. 앞에서도 말했듯 약을 처방하는 이유는 일단 환자에게 다가가기 위해서다. 그러므로 나

는 운동도 큰 도움이 될 것이라고 믿는다. 물론 중증 우울
증 환자가 바로 운동을 시작하기는 힘들 것이다. 하지만 천
천히 조금씩 운동량을 늘리면 대부분 성공한다. 한 걸음 한
걸음이 다 귀하고 소중한 것이다!

중증 우울증의 경우는 입원이 필요할 때도 있다. 병원
에 있으면 전문가들의 도움을 받아 신체 활동을 할 수 있
다. 하루 종일 소파에 앉아 있거나 침대에 누워 있는 것은
절대 안 된다. 이것은 집에서도 마찬가지이다. 영국과 네덜
란드의 가이드라인은 모든 우울증 환자에게 운동을 독려
하라고 권한다. 네덜란드 가이드라인의 문구를 그대로 옮
겨 보면 다음과 같다. "우울증 환자는 첫 치료 단계부터 (연
령과 관심도에 맞게) 신체 활동을 독려하여 의욕을 키우고 규
칙적인 생활을 유지할 수 있게 돕는다."

만성 우울증

우울증이 경증 혹은 중경증의 상태로 2년 넘게 낫지 않
을 경우를 만성 우울증이라고 부른다. 영국과 네덜란드의
가이드라인은 이 경우 환자의 의향과 과거에 성공한 치료
사례를 치료할 때 선택 기준으로 삼아야 한다고 권고한다.
실제 대부분 이런 경우엔 항우울제와 심리 치료를 병행한다.

그러나 어떤 의약품을 선택할지는 우리 책의 범위를 벗어나는 문제다. 이 자리에선 그저 여러 가지 항우울제를 복용해 봐도 효과가 만족스럽지 못하거든 리튬과 (필요할 경우) MAO 억제제를 곁들이라는 제안으로 그칠 것이다. 의약품이 도움이 안 될 때는 전기충격치료법으로 증상 완화를 꾀할 수 있다.

전기충격요법

의약품과 심리 치료로도 증상이 호전되지 않는다면 마지막으로 전기충격요법이 남아 있다. 극소수의 우울증 환자(5퍼센트 정도)에게서 심리 치료와 의약품이 전혀 효과를 발휘하지 못한다. 중증 우울증을 앓는 게리천Gerritsen 씨처럼 그 어떤 방법도 소용이 없을 것 같다.

그는 이제 집 밖을 나가지 않았다. 이웃에게 얼굴을 비치는 것이 싫었다. 자신의 죄가 너무 부끄러웠다. 그래서 그는 소파에 앉았고 하루 종일 꼼짝도 하지 않고 거기에 앉아 있었다. 입을 꾹 다물고서. 그리트(그의 아내)가 밥과 물을 가져다주지 않았더라면 아무것도 안 먹었을 것이다. 그마저 아내가 억지로 먹으라고 채근해야 겨우 먹었다. 그는 먹을 필요가 없었다. "난 이미 죽었어." 그는 아내에게 먹지 않는 이유를 이렇게 설명했다. "처음엔 농담인 줄 알았어요. 물론 웃은 지가 하도 오래되어서 농담을 할 것 같지는 않았지만 그래도 설마 했어요. 그런데 진심이었더라고요. '날 생각해서 억지로라도 먹어.' 내가 애원을 해야 마지못해 먹었어요." 하지만 그것 말고는 아무것도 하지 않았다.

(르네 칸, 2008년)

이 남성과 같은 사람들에게 남은 방법은 전기충격요법이다. 오랜 시간 이 치료법을 두고 논란이 끊이지 않았다. 특히 이 치료를 비난한 영화 <뻐꾸기 둥지 위로 날아간 새>는 (잭 니콜슨의 열연 덕분에) 전기충격요법에 대한 불신을 불러일으켰다. 하지만 그것도 잠시, 전기충격요법은 다시 건재를 과시했다. 이 방법이 만성 우울증 치료에 큰 도움이 된다는 주장이 다시 널리 인정을 받게 된 것이다. 약품과 비교하면 부작용이 거의 없고 처방을 따르지 않는 의약품 남용의 문제를 해결할 수 있다는 이유가 컸다. 단 하나 부작용이 있다면 일시적인 기억 상실과 착란 현상이다.

전기충격요법은 말 그대로 환자에게 충격을 가하는 치료법이다. 환자의 머리 두 군데에 전극을 연결하고 환자를 마취시킨 후 그곳으로 몇 초 동안 전기 쇼크를 가한다. 그럼 일종의 간질 발작이 일어나는데 약 1분 동안 지속된다.

치료는 보통 6주에 걸쳐 총 12회 실시된다. 환자의 동의가 필수적이며 치료에 관여하지 않는 정신과 의사 한 사람의 동의가 있어야 한다.

여러 연구 결과를 보아도 전기충격요법을 받은 후 기분이 나아진 환자가 많다. 단기적으로 볼 때 착란을 동반하는 우울증의 경우 약 60~80퍼센트에서 결과가 매우 좋다고 말할 수 있다. 그러나 중장기적으로는 효과가 적다. 30~40퍼센트의 환자가 과거의 상태로 돌아간다. 그럼에도 이 방법의 효과는 매우 높다고 볼 수 있을 것이다. 앞서 소개한 게리천 씨처럼 예전 같으면 포기했을 많은 환자가 이 치료법으로 효과를 보고 있으니 말이다.*

우울증은 올 때처럼 느리게, 하지만 반대 순서로 사라진다. 아주 천천히, 잔걸음으로 상태가 호전된다. 전기충격요법을 받은 날은 두 걸음 전진, 그다음 날은 다시 한 걸음 후퇴하며. 신음과 비틀거림이 사라지고, 세 번째 전기충격 치료를 받은 날은 나와 악수를 나눈 것은 물론이고 어떠냐는 내 질문에 대답까지 한다. "아직 조금 느껴져. 일출이. 분명 정말 아름다울

---

* 전기충격요법에 관한 오해와 편견을 지적하고 대중의 이해를 돕기 위해서 다음의 테드 강연 영상을 참고할 수 있다. 헬런 M. 페럴, <전기충격요법의 진실>

테지만 보이지는 않아. 보이지는 않아. 아무것도 안 보여." 아직 완전히 나은 것은 아니다.

간병인이 아주 미미하지만 진전이 있다고 장담한다. 게리천 씨는 혼자서 밥을 먹기 시작한다. 밥을 달라고 하지는 않아도 차려 주면 먹는다. "맛은 없어도 먹어야 해." 왜 먹느냐고 물어보면 그는 이렇게 대답한다. 밤마다 찾아오던 불안증도 사라진다. 새벽 다섯 시에 깨서 병동을 헤매지도 않는다. 입원하고 3주 째 접어들자 회복 속도가 조금 빨라진다. 전기충격이 없는 날 잠깐씩 재발하던 증상도 거의 나타나지 않는다. 그리고 불현듯 나는 깨닫는다. 그가 거의 나았다는 것을.

(르네 칸, 2008년)

케타민

보다 현대적인 대안은 케타민이다. 1962년에 개발된 이 물질은 1965년부터 인간과 동물의 마취제로 사용되었다. 20년 전부터는 급성 우울증 환자에게 사용하여 효과를 보고 있다. 하지만 약효에 대한 연구가 많지 않기 때문에 여전히 많은 심리 치료사들이 사용을 꺼리고 있다. 이유는 이 물질이 더 이상 특허를 낼 수 없어서 (대부분의 의약품 연구를 진행하는) 제약 회사들이 돈을 투자하지 않기 때문이다. 현

재 얀센 제약Janssen Pharmaceutica이 이 약품을 코 스프레이 형
태로 상용화하기 위해 전 세계적으로 치료를 마친 환자, 우
울증을 앓고 있는 환자, 자살 시도를 한 환자 1천 명을 대상
으로 테스트를 진행 중이다. 연구 결과가 기대에 부응할 경
우 2020년에는 스프레이를 시판할 수 있을 것으로 제약사
는 기대하고 있다. 가이드라인은 아직 케타민을 우울증 치
료에 포함시키지 않는다. 아마 스프레이가 시판될 때까지
는 계속 그럴 것이다.

　약품을 주제로 박사 논문을 준비 중인 네덜란드 암스
테르담대학교 메디컬 센터 의사 위리안 스트라우스Jurriaan
Strous는 이 스프레이의 효과에 매우 낙관적이다. "여러 연구
결과의 메타 분석을 근거로 우리는 평균적으로 실험 참가
자의 2/3에게서 우울증 증상이 절반으로 줄어든 것을 확인
하였다. 1/3의 경우 1회 복용으로 약효가 1주 동안 지속된
다. 실로 특별한 결과이다."(Vermeulen 2017년)

경두개 자기 자극 치료TMS

　TMS Transcranial Magnetic Stimulation는 뇌의 앞부분인 전전두
피질에 20분 동안 약한 전류를 흘려보내는 치료법이다. 이
런 전기 자극을 6주 동안 매일 반복한다. 연구 결과를 보면

약과 상담 치료가 듣지 않는 우울증 환자의 1/3이 효과를 보았다. 다른 치료법과 마찬가지로 작용 메커니즘에 대해선 밝혀진 바가 없지만 TMS는 두 가지 장점이 있다. 부작용이 적거나 아예 없고 2주만 지나도 효과를 확인할 수 있다. 따라서 영국에선 TMS를 보험에 포함시키고 있고 미국의 경우 식품의약국이 2008년부터 이 치료법을 허용하여 이미 널리 사용되고 있다. 네덜란드의 경우 2014년 여름부터 중증 우울증 환자에게 의료보험 혜택을 주고 있다. 다른 치료법과 마찬가지로 이 방법 역시 모두에게 통하지는 않는다. 여기서 언급한 모든 치료법이 그러하듯 효력의 범위가 제한적이기 때문이다. 암, 치매와 마찬가지로 우울증은 총칭이다. 따라서 우울증 치료는 앞으로도 "무엇이 이 환자에게 도움이 될까?"라는 질문을 던지며 개별적인 방법을 모색하는 과정일 것이다.

4장

"전문가와 어떻게 만나야 할까?"

**적절한 치료를 받기 위해서
통과해야 하는 다섯 가지 관문**

암과 우울증을 동시에 이겨 낸 사람들에게 물어보면 우울증이 암보다 훨씬 힘들었다고 말한다(Bakker, 2008년). 우울증보다 삶의 질을 더 떨어뜨리는 질병은 거의 없다. 하반신마비 환자도 우울증 환자보다는 낫다.

그럼 우울증도 치료하면 될 것이 아닌가? 불에 데거나 다리가 부러지거나 다른 부상을 입었을 때처럼 병원을 찾아가서 치료를 하면 되지 않을까? 하지만 현실은 그렇지가 못하다. 우울증을 앓는 환자 대부분이 적절한 도움을 받지 못한다. 이 장에서는 그 이유가 무엇인지 설명할 것이다. 가족이 최선의 도움을 받을 수 있으려면 당신이 어떻게 해야 할지 알려 주려는 것이 이 장의 목적이기 때문이다.

당신의 '개입'이 바람직하고 유익한 경우는 다음 세 가지 상황이다. 첫째, 당신의 가족이 자신이 우울증에 걸렸다는 사실을 몰라서 도움을 청하지 않는다. 둘째, 당신의 가족이 자신의 병을 알고는 있지만 (어떤 이유에서건) 치료를 원치 않는다. 셋째, 당신의 가족이 전문적 도움을 찾고 있지만 적절한 치료자를 찾지 못한 상황이다. 혹은 치료를 받았는데 진전이 없어 실망하는 바람에 더 이상 치료하지 않겠다고 고집을 부릴 수도 있다.

우울증에 걸린 당신의 가족이 적절한 도움을 받기까지는 험난한 길이 펼쳐져 있다. 적어도 한두 개의 장애물은 넘어야 할 것이고, 최악의 경우 장애물을 다섯 개나 넘어야 할 수도 있다. 장애물을 하나 만날 때마다 발을 헛디딜 수 있을 것이고, 실제 대부분의 장애물들이 눈에 보이지 않기 때문에 그럴 가능성이 높다. 따라서 이제부터 각 장애물마다 환자가 발을 헛디디지 않도록, 헛디뎠다면 다시 일어설 수 있도록 당신이 옆에서 어떻게 도와줄 수 있을지 차근히 설명할 것이다.

첫 번째 관문: 병의 인지

다리가 부러지면 누구나 금방 알아차리기 때문에 망설이지 않고 바로 병원으로 간다. 그런데 우울증을 앓는 사람들은 이상하게도 열에 넷은 알아차리지 못한다. 병이 심각한데도 자신이 정상이 아니라는 사실을 자각하지 못한다(Vermeulen,

2008년). 대부분 그 모든 증상이 다 자기 성격 탓이라고 여기는 것 같다. 그러나 전문가들이 기분부전장애Dysthymia라고 부르는 더 가벼운 형태의 우울증은 실제로 많은 사람이 앓고 있다. 다음과 같은 이십 대 후반의 젊은이도 그렇다.

영혼의 바닥에는 항상 음울함이, 삶에 분노하는 불만이 깔려 있었다. 그러나 어렸을 때도 그랬듯 지금도 그는 그 문제에 대해 그리 깊게 생각하지 않았다. 대부분 무거운 발걸음을 끌며 하루를 버텼고 동사무소의 단조로운 업무를 또박또박 무심히 처리하였지만 살아 있다고는 거의 느끼지 못했다.

(프란스 쿠넌, 1899년)

이 젊은이가 앓고 있는 이런 형태의 우울증은 만성이다. 주변 사람들은 그저 그가 '만사를 심각하게 받아들인다'고만 생각할 것이다.

우울증 환자들이 자기 병을 잘 모르는 두 번째 이유는 우울증이 각종 신체 질환 뒤로 몸을 숨기기 때문이다. 두통과 등 통증, 과도한 피로에 가려 우울증이 잘 보이지 않기 때문이다. 그래서 환자는 우울한 기분이나 다른 증상이 신체적 문제라고 생각하여 진통제를 먹거나 평소보다 잠을 많이 자면서 절로 증상이 호전되기를 기대한다.

신체 질환 이외에도 우울증은 욱해서 벌컥 화를 내거나

잘 흥분하거나 기분이 언짢은 모습으로 나타나기도 한다. 그래서 충돌이 잦아지기 때문에 당신도 가족도 관계에 문제가 생겼다고 여길 뿐 우울증이 원인이라는 생각을 하지 못한다. 아래의 문항을 읽고 답을 해 보자. 가족의 우울증을 정확히 판단할 수 있도록 이 문항들이 도와줄 것이다.

우울증 진단에 도움이 될 질문들

☐ 최근 들어 가족이 당신을 피하거나 거부한다는 느낌, 사랑이 식었다는 느낌이 드는가?

☐ 최근 들어 가족과 함께 있고 싶은 마음이 줄었는가?

☐ 최근 들어 당신이 내민 도움의 손길을 가족이 외면하는 바람에 마음 상하는 일이 잦았는가?

☐ 당신이 예전보다 훨씬 많은 시간을 우울증에 빠진 가족을 돌보느라 다른 가족 구성원이나 친구, 취미에 쏟을 시간이 많이 줄었는가?

☐ 힘이 다 빠진 기분, 맥이 풀리고 공허하다는 기분이 자주 드는가?

☐ 가족과 당신이 예전보다 자주 다투는가?

☐ 예전보다 더 긴장되고 불안한가?

☐ 외롭다는 느낌, 혼자라는 기분이 자주 드는가?

☐ 예전보다 술이 늘었거나 안정제를 복용하는가?

☐ 일이 잘 안 풀리는가?

이 중 "예"라고 답한 문항이 많다면 당신의 추측대로 당신의 가족이 우울증일 확률이 높다(Niklewiski & Riecke-Niklewiski, 2008년).

또 많은 환자가 자신의 상태가 과거의 특정 사건 때문이라고 생각한다(이것이 우울증을 알아차리지 못하는 세 번째로 흔한 이유이다). "1년 전에 아버지가 돌아가셨어요. 예상보다 충격이 컸던 것 같아요." 하지만 우울증 환자는 슬픔의 반응이 사건에 비해 과도하다. 보통의 반응보다 더 격하거나 더 오래 지속된다.

이런 생각은 대부분 처음으로 우울증이 발생했을 경우에 많이 하게 된다. 재발했거나 나중에 다시 우울증이 발생한 경우와 달리 첫 우울증은 사랑하는 사람이나 일자리를 잃는 등의 충격적 사건을 겪은 후에 흔히 발생하기 때문이다.

가족이 우울증이라는 생각이 들면 (아마 그럴 것이다. 그렇지 않다면 당신이 이 책을 읽을 리가 없을 테니까) 상대에게 걱정스러운 마음을 표현하고 왜 그런 걱정을 하게 되었는지 설명해야 한다. 대화는 긍정적인 방식으로 시작하는 것이 좋다. 먼저 당신이 그를 얼마나 사랑하는지 말하고 당신이 높이 평가하는 그의 몇 가지 특성을 언급하라. 그런 다음 최근까지 당신이 함께 살았고 당신이 너무 사랑했던 그 사람이 사라져 버렸다고 말하라. "당신이 너무 걱정돼. 당신이 변했거든. 내가 알던 그 사람이 아냐. 당신은 못 느끼겠어?" 그리고 당신이 파악한 사실을 설명하라. 당신의 가족이 자주 멍하고 잘 웃지 않으며 피곤하다고 투덜대고 친구들을 잘 안 만나고 짜증을 잘 내고 성욕이 떨어졌다고 말이다. 상대를 탓하는 인상을 주어서는 안 된다. (우울증 환자는 자존감이 공격당할 경우 극도로 예민하게 반응한다.) 당신의 선한 의도와 가족의 "하고 싶지만 할 수 없는" 무력감에 대해 이야기하라.

당신의 가족에게 이 책의 1장을 읽어 보라고 권해도 좋겠다. 아마 읽어 보면 자신의 이야기라고 생각할 것이다. 혹은 우울증 자가 진단을 해 보라고 권해도 좋다. 인터넷에 찾아 보면 다양한 종류의 그런 테스트가 있다.* 물론 테스트 결과를 정확하게 평가하려면 전문가의 도움이 필요하겠지만 정말 걱정스러운 수준인지 공연한 걱정이었는지 정도는 굳이 전문가가 없어도 혼자 판단할 수 있을 것이다.

우울증이라는 말을 듣고 가족이 질겁할 것 같으면 그 말은 피해야 한다. (이 경우 우울증 테스트라고 말해서도 안 될 것이다.) 대신 스트레스나 번아웃이라는 말을 쓰도록 하자. 특히 남성들은 약하다는 느낌을 풍기는 것에는 모조리 예

---

* 한국 독자의 이해를 돕기 위해 이 책의 부록 267쪽에 보건복지부에서 배포한 '우울증 자가 진단표'를 수록했다. 또한 195~196쪽의 '시·도 광역 정신건강 복지센터' 웹사이트에서 자가 진단을 해 볼 수 있다.

민하게 반응하니까 스트레스나 번아웃이라는 표현이 더 나을 것이다.

　가족을 설득시켜 수긍하게 만드는 것이 목표가 아니다. 자신이 뭔가 평소와 다르다고 생각하게끔 만드는 것이 목표다. 그러자면 단어 선택도 중요하지만 그 말을 하는 시점도 중요하다. 가족이 스트레스를 받았거나 화를 낼 때는 아무리 좋은 뜻으로 말해도 소용이 없다. 조용한 시간을 고르되 잠자기 직전은 적당하지 않다. 그런 심각한 주제는 수면을 방해한다. 남성들에게는 퇴근하고 곧바로 그런 이야기를 꺼내는 것은 좋지 않다. 그런 순간에는 감정을 주제로 대화하고 싶어 하지 않는다. 옆에서 누가 (예를 들어 아이들이) 같이 듣고 있을 때도 적당한 때가 아니다. 그렇게 따지다 보면 대부분 밤 8시에서 10시 사이 아니면 주말에 집에서 쉴 때 적당한 때를 봐서 이야기를 꺼내는 것이 좋다.

　말을 꺼내면 곧바로 원하는 결과가 나올 것이라 기대해서는 안 된다. 당신이 모든 것을 다 제대로 했다고 해도 가족이 스스로 문제가 있다는 생각에 적응해야 하고 그러자면 시간이 필요하다. 당장 효과가 없다면 나중에 다시 한번 시도해 보자. 그동안 가족이 당신의 메시지를 충분히 생각했을 테니 이번에는 아마 좋은 결과가 있을 것이다.

두 번째 관문: 도움의 손길 찾기

도움의 손길을 찾으려면 먼저 환자가 자신의 병을 알아야 한다. 그리고 또 한 가지가 필요하다. 2010년 네덜란드에서 5천 명을 대상으로 실시한 연구 결과를 보면 우울증을 깨달은 환자의 42퍼센트만이 치료를 받고 나머지 58퍼센트는 치료받지 않았다고 한다.

이렇듯 다수가 치료를 받지 않는 데에는 여러 가지 이유가 있다. 많은 환자가 치료받아 봤자 별 도움이 안 될 것이라고 생각한다. 특히 노인과 젊은이들이 그렇게 생각하는 경향이 있다. 우울증의 원인을 자기 밖에서 찾기 때문이다. 우울증이 일이나 스트레스, 충격적인 사건 때문에 생겼다고 생각하기 때문이다(Prins 외, 2008년).

또 한 가지 원인은 자신을 희망 없는 케이스로 보기 때문이다. 이런 생각은 우울증의 본질이기도 하다. 도움을 청하려면 먼저 그 노력이 가치가 있다고 믿어야 한다. 그런데 우울증이 자존감을 무너뜨리기 때문에 자신은 노력할 가치도 없는 사람이라고 생각한다.

그리고 도움을 청하려면 (앞서 소개한 두 가지 이유와 연관하여) 전문가를 믿어야 한다. (주변의 부정적 평가 때문에 혹은 실망스러웠던 예전의 경험 때문에) 믿음이 부족하거나 아예 믿음이 없으면 여간해서는 도움을 청하지 않을 것이다. 그럴 때는 옆에서 강하게 압력을 넣어야 한다. ("난 당신이 치료를 받으면 좋겠어. 이대로는 더는 못 견디겠어. 필요 없다고 생각하겠지만 날 위해서라도 받아 주면 안 될까?") 혹은 환자가 느끼기에 우울증이 더 심해져야 한다. 이것이 치료를 받게 만드는 가장 중요한 자극제 중 하나이다. 모든 우울증 환자들이 고통을 받지만 또 사람마다 증상이 다 다르기 때문에 그 고통을 어떻게 느끼는가도 큰 차이가 있다. 사람마다 고통을 대하는 방식도 다르다. 어떤 사람은 감기만 걸려도 쪼르르 병원으로 달려가지만 또 어떤 사람은 독감이 들어도 출근을 한다. 심리 질환이라고 해서 다를 것이 없다.

모르는 사람에게 속마음을 (지극히 개인적인 감정과 불안과 비밀을) 털어놓아야 한다는 불안감과 수치심 역시 만만치 않다. 도움을 청하려면 남김 없이 속내를 다 밝혀야 한다. 정말로 큰 걸음이 아닐 수 없다. 당사자가 아니면 도저히 이해할 수 없을 부담감이다.

나도 그런 경험이 있다. 그룹 트레이닝을 지도하던 중 한 여성 참가자가 갑자기 울음을 터트렸다. 그리고는 훌쩍이면서 머뭇머뭇 너무 지쳐서 내가 내준 숙제를 미처 다 못했다고 말했다. "몇 주 전에 제가 번아웃이라는 사실을 깨달았어요. 그동안은 갱년기에다가 막내까지 독립을 하는 바람에 허전해서 그런 줄 알았는데 그게 아니라는 사실을 그날 처음 깨달은 거죠. 남편 말고는 아무한테도 말 안 했어요." 직장에 출근해도 일을 통 제대로 못하는데 지금껏 아무도 눈치를 못 챈 것 같다고 그녀는 말했다. 앞으로 어떻게 할 생각이냐고 내가 물었더니 그녀는 모르겠다고 대답했다. 어떻게 해야 할지 모르겠다고. 그리고 잠시 후 이렇게 말했다. "내일 친하게 지내는 동료한테 털어놓을 생각이에요." 그러자 다른 참가자들(네덜란드 전역에서 참가자를 모았기 때문에 그녀를 모르던 사람들이다)이 격하게 반응하며 그녀를 나무랐다. "그렇게 가만있으면 안 돼요. 얼른 병원에 가야죠. 그리고 제일 먼저 상사한테 알려야죠." 나는 그들의 말에 동의하지 않았다. 오히려 그녀의 용기를 칭찬했다. "동료분께 번아웃 사실을 고백하는 것만도 결코 쉬운 일이 아닙니다. 오늘 여기 이 참가자 분들 앞에서 용기 있게 말씀하신 것만 해도 엄청나게 큰 걸음을 내디디신 것이고요. 트레이닝 이전에는 모르던 분들이라고 해도 쉽지 않으셨을 겁니다. 동료분께 털어놓으시면 일단 첫 장애물은 넘으신 것이니까 한숨 돌리시고 다시 앞으로 어떻게 하고 싶은지 곰곰이 생각해 보세요."

이 사례만 보아도 알 수 있다. 전문가의 도움을 청하려면 일단 심리 질환자라는 자신의 역할을 받아들여야 한다. ("주변 사람들은 날 겁쟁이라고, 약해 빠졌다고 생각할 거야.") 가장 가까운 주변 사람들에는 상사와 직장 동료들도 포함된다. ("아마 날 한심하다고 생각하겠지. 승진에도 문제가 생길 거야.")

우울증으로 은퇴한 예전 독일 축구 국가 대표 제바스티안 다이슬러Sebastian Deisler 역시 조금 더 일찍 사실을 털어놓았더라면 좋았을 것이다.

진즉에 걱정과 감정을 털어놓았어야 했다. 축구계를 교만하다고, 경박하다고, 자기중심적이라고 지레 판단해 버렸다. 일부는 그렇지만 전부가 다 그런 건 아니다. 내 상태가 안 좋아지니 축구를 해도 좋지 않았다. 그래도 용기를 내지 못해서 걱정과 불안을 털어놓지 못했고 무슨 일이 일어날지 예상했기에 나의 비밀이 새어 나가지 않게 애썼다. 나는 집에서 도망쳤다.

(제바스티안 다이슬러, 2009년)

인구의 40퍼센트가 살면서 한 번쯤은 우울증을 앓고 그로 인해 치료를 받아야 하지만 여전히 우울증은 입에 올리지 말아야 할 터부이다. 그래서 정작 자신이 우울증에 걸리면 모두가 어떻게 해야 할지 몰라 허둥댄다. 누가 수술을 받거나 병원에 입원했다 퇴원하면 모두가 그를 반갑게 맞이한다. 하지만 중증 심리 질환으로 입원했다 돌아오면 아무도 그를 두 팔 벌려 환영하지 않는다.

한마디로 심리 질환으로 인해 도움을 청하는 사람은 아주 많은 설명을 해야 한다는 부담감에 시달린다. 당연히 이러한 심리 질환 환자의 역할을 받아들이기가 쉽지 않을 것이다.

아이를 키워 본 사람이라면 알 것이다. 혼자서 숟가락질 하는 법을 배우는 시기가 되면 아이는 당신이 떠먹여 주려고 할 때마다 고개를 휙 돌리거나 입을 앙다물어 버린다. "내가 할 거야." 아이는 이 말이 하고 싶은 것이고, 시간이 갈수록 그런 행동이 잦아진다. 새로운 것을 배울 때마다 아이는 반드시 자기가 혼자서 하려고 한다.

커서 어른이 되어도 우리는 그런 습성을 버리지 못한다. 아니, 나이가 들면 더 심해진다. 무슨 일이건 혼자 하는 게 제일 좋다. 그래서 혼자서 할 수 있는 일이라고 생각되면 될 수 있는 대로 혼자서 하려고 한다. 그런 자신이 자랑스럽기에 도움을 청하기가 쉽지 않다. 남자들의 경우 그런 성향이 특히 심해서 모르는 장소에서 길을 잃어도 지나가는 사람한테 묻지 않고 혼자 찾겠다고 계속 헤매고 다닌다.

도움을 청하지 못하는 마지막 이유는 시간 부족 때문이다. 특히 교육을 많이 받은 젊은이들이 시간 부족을 이유로 도움을 외면한다(Prins 외, 2008년). 차가 고장 나면 어떻게 하든 짬을 내서 카센터로 달려가면서 자기 마음이 고장 나면 일정표를 들여다보며 도저히 시간을 못 빼겠다고 한다.

지금껏 살펴본 대로 치료를 받지 않는 총 일곱 가지 이유를 정리하면 다음과 같다.

도움을 청하지 않는 이유

1. 문제가 해결될 수 없다고 생각한다.
2. 모르는 사람한테 속내를 털어놓기가 부담스럽다.
3. 상담을 받아 봤자 도움이 안 될 것 같아 불안하다.
4. 치료사의 전문성이 의심스럽다.
5. 도움을 청하기가 힘들다(문제가 절로 해결되기를 바란다).
6. 낙인찍힐까 봐 두렵고 부끄럽다.
7. 시간이 없다.

대부분의 환자가 이 중에서 여러 가지 이유를 동시에 들이민다. 아마 그의 머릿속에서 지금 감정과 이성이 치열하게 싸우는 중일 것이다.

당신의 가족이 스스로 우울증인 것을 알면서도 전문가를 찾지 않는다면 당신은 그를 다그칠 권리가 있다(의무라는 표현이 더 옳을까?). 가족이 맹장염인 것 같거나 피를 쏟고 열이 펄펄 끓을 때 당신에게는 그의 건강을 염려할 권리가 있는 것과 마찬가지다. 당신에게는 그럴 권리가 있다. 우울증은 그의 개인적 문제만이 아니다. 가족의 기분은 당신의 기분에도 영향을 미치기 때문에 그의 우울증은 당신에게도 고통을 준다. 또 사랑하는 가족이 고통받는 모습을 지켜보는 것은 참으로 고통스러운 일이다. 어떻게 해야 가족이 장애물을 잘 넘을 수 있는지 그 방법은 아마 당신이 제일 잘 알 것이다. 당신은 가족을 오래 지켜본 사람이다. 어제 만난 사이가 아니라는 말이다. 따라서 당신이 바란다고 해서 가족이 바로 벌떡 일어나 병원으로 달려가지는 않을 것이라는 사실을 누구보다 잘 알 것이다. 직설적으로 말을 해야 ("당신이 병원에 갔으면 좋겠어.") 잘 먹히는 사람이 있다. 반대로 요령껏 돌려 말을 해야 (그래서 자기가 자발적으로 행동한다는 확신이 있어야) 잘 듣는 사람이 있다. 오래 오래 대화를 나누어야 겨우 일어서는 사람이 있는가 하면, 여러 사람 혹은 평소 존경하던 사람이 말해야 잘 듣는 사람이 있다(이럴 경우 다른 사람들에게 도움을 청한다). 또 보상이 있어야 움직이는 사람이 있는가 하면 겁을 주어야 통하는 사람이 있다. ("나 진짜 걱정돼서 그래. 당신 문제 있어.")

가족이 성인이라면 너무 심한 걱정이나 양심의 가책을 느낄 필요가 없다. 혼자서도 알아서 할 만큼 충분히 나이를 먹었으니까. 하지만 당신이 감기에 걸렸던 때를 한번 떠올려 보라. 그때 기분이 어땠나? 어린아이가 된 것 같지 않았는가? 거의 모든 신체 질환이나 심리 질환은 우리 안에 숨어 있던 아이를 다시 깨운다. 아래의 인용문에선 우울증에 걸린 교수님도 그런 심정이었음을 고백한다.

> 힘이 다 빠져 달아났다. 기운이 없으니까 어린 아이처럼 의존하게 되었다. 세 살 어린 아이의 수준으로 후퇴하였다. … 우울증의 위기는 <페기 수 결혼하다Peggy Sue Got Married>*를 생각나게 한다. 어른들이 갑자기 다시 어린 시절로 돌아가는 영화 말이다. 우울증은 시간을 되돌리는 타임머신이다.
>
> (마르턴 반 뷰런, 2008년)

당신의 노력이 그를 당신 뜻대로 조종하기 위해서가 아니라는 사실도 잊지 마라. 당신은 당신을 위해서가 아니라 가족을 위해서 노력하는 것이다. 가족에게 다정한 말투로 왜 치료를 안 받는지 물어보라. 그가 희망이 없다고 하는가? 우울증이라는 낙인이 찍혀 출세에 지장이 생길까 봐 겁을 내는가? 시간이 없다고 하는가? 의사를 믿을 수 없다고 하는가? 비용이 많이 들 거라고 하는가? 아니면 그냥 놔두면 절로 나을 것 같다고 하는가? 이유를 알면 원하는 방향으로 가족을 이끌어 가기가 쉬울 것이다. 가족이 치료의 필요성과 유용성

---

* 1986년 미국에서 개봉한 코미디 영화

을 믿지 못하는가? ("그냥 놔둬. 괜찮아질 거야.") 그렇다면 당신이 바라니까 당신을 봐서라도 치료를 받자고 설득해 보자. ("날 생각해서라도 치료받자. 난 당신이 치료받으면 좋겠어.")

남 보기 창피해서 병원에 못 가겠다고 하거든 그게 왜 창피한 일이냐고 설명하라. 힘든 일이 닥쳐도 용기 있게 대응하는 모습이 오히려 더 강인해 보인다고 설득하라. 치료받을 만한 가치도 없는 사람이라고 하거든 그것이 바로 치료가 필요하다는 증거라고 반박하라. 이 세상에 가치 없는 사람은 없다. 가치 없다고 느끼는 것이 바로 우울증의 증거다. 가족이 치료받아 봤자 소용없다고, 그래 봤자 낫지 않을 것이라고 체념하거든 우울증은 치료 성공률이 매우 높은 질병이라고 용기를 북돋아 주자.

하지만 아무리 용기를 주어도 소용이 없을 땐 어떻게 해야 할까? 아마 나의 대답은 매우 실망스러울 것이다. 미성년자가 아닌 성인 가족이 치료를 안 받겠다고 하면 강요할 수 없다. 다만 자살을 하겠다고 협박하는 등 타인과 자신에게 급박한 위협을 가할 경우는 예외다.

치료를 강요할 수 없는 이런 '규정' 때문에 많은 사람들이 무력감과 분노를 호소한다. "가족이 나락으로 떨어지는데 아무것도 못 하고 지켜봐야 하다니 도저히 못 참겠어요."

세 번째 관문: 일반의의 진단 *

가족이 (자발적이건 아니건) 마침내 전문가의 도움을 받겠다고 결심하고 의사를 찾아가더라도 이번에는 병원 진료실에서 또 하나의 장애물을 맞닥뜨리게 된다. 우울증 치료를 받기 위해서는 의사가 '우울증'이라는 진단을 내려야 한다. 그런데 안타깝게도 진단을 받지 못하는 경우가 많다. 의사가 우울증 진단에 필요한 교육을 받았다고 해도 그중 절반은 올바른 진단을 내리지 못한다. 특히 환자의 연령이 높을 경우에는 오진률이 2/3에 달한다(Licht, 2008년). 이유는 여러 가지가 있다.

첫째, 일반의 교육은 신체 질환의 진단과 치료에 초점을 맞춘다. 따라서 일반의들은 심리 질환의 진단과 치료에 대한 교육을 전문적으로 받지 못했다. 그건 의사의 잘못이 아니다. 둘째, 우울증은 다른 신체 및 심리 질환들과 달리 증상이 다양하기 때문에 수많은 가면 뒤에 숨어 있다. 그래서 전문 심리 치료사나 정신과 의사들도 헷갈릴 때가 있다. 셋째, 의사가 진료실에서 환자 1인에게 투자하는 시간은 평균 7~10분에 불과하다. 우울증 진단을 내릴 수 있기에는

▲ 이 장의 세 번째~다섯 번째 관문에서 서술되는 의사 및 의료 현실에 관한 내용은 네덜란드 의료 제도에 기반한 현실을 말하고 있다. 네덜란드와 한국은 의사 자격 제도와 의료 제도가 매우 다르다. 여기에서 서술된 내용으로 한국 상황을 생각하면 오해가 생길 수 있다는 것을 미리 말해 둔다.

수집할 수 있는 정보의 양이 너무 적다. 게다가 병원을 찾은 환자들은 대부분 증상의 일부만 이야기한다(Oudenhove 외, 2007년).

또 한 가지 정말 중요한 이유는 의사 앞에서 환자가 우울증의 핵심 증상을 말하는 경우가 극히 드물다는 사실이다. "최근 들어 우울하고 마음이 가라앉고 뭘 해도 즐겁지가 않아요." 이렇게 이야기해야 할 것을 모호한 신체 증상들만 줄줄이 열거한다. 잠을 못 자고 피곤하고 소화가 안 되고 식욕이 없고 등이 아프다는 식으로 말이다. 의사는 신체 질환의 진단을 우선시하고, 게다가 신체적 원인(예를 들어 갑상선 기능 저하)이 우울증 장애를 일으킬 수도 있기 때문에 신체 검진부터 시작할 것이다. 실제로 많은 경우에서 (특히 연령이 높은 환자의 경우엔 더욱더) 신체적 문제점도 발견된다. 그렇게 되면 의사는 대부분 진단을 종결짓고 그 문제의 해결에 집중할 것이다. 당연히 우울증은 못 보고 지나칠 것이다. 신체적 원인을 찾지 못한다고 해도 환자가 들려준 문제나 사건으로 인해 그런 증상이 생겼다고 결론지을 가능성이 있다. ("부부 관계가 그 정도로 힘들면 저라도 온몸이 아플 겁니다.") 환자의 여러 증상은 환자를 덮친 불행의 결과이고, 그건 누구라도 이해할 수 있는 일인 것이다.

가족이 우울증을 앓고 있어서 의사를 찾아갈 것 같다면 당신이 나서서 올바른 진단에 큰 기여를 할 수 있다. 가족과 함께 그의 증상들을 종이에 적어 보는 것이다. 나도 병원에 가기 전에는 그렇게 한다. 제한된 시간과 의사가 던지는 질문들 (그리고 머리에 떠오르는 질문들) 탓에 정신이 없어서 미처 하고 싶은 말을 다 못한 채 진료실을 나온 경우가 한두 번이 아니었다. 그래서 미리 종이에 메모를 해 두면 그런 사태를 예방할 수 있다.

의사에게서 '우울증'이라는 진단이 떨어지면 오히려 무거운 짐을 부린 듯 마음이 가벼워지는 환자들이 많다. 이 남자의 고백을 들어 보라.

내가 싸우고 있는 이 혼란스러운 고통이 이제야 이름을 얻었다. 그것만 해도 좋았다. 그 이름이 나한테 해당된다 안 된다, 를 말할 수 있는 증상의 총칭이라는 것만 해도, 무엇보다 이 콤플렉스를 진짜 질병으로 본다는 사실만 해도 좋았다.

(마르턴 반 뷰런, 2008년)

이 남자가 말한 가벼운 마음은 흔히 '룸펠슈틸츠헨 효과' •라고 부른다. 뭐가 잘못되었는지 아는 것이, 무엇인지도 모른 채 그 병을 참아야 하는 것보다는 항상 나은 것이다.

•   룸펠슈틸츠헨은 그림 형제의 동화에 나오는 심술궂은 요정(난쟁이)이다. 방앗간 주인의 딸(주인공)은 이 요정의 도움을 받아 왕비가 되었는데, 요정이 그 대가로 자신의 이름을 알아맞혀 줄 것을 요구했다. 그녀가 갖은 수를 짜내어 '룸펠슈틸츠헨'이라는 이름을 알아맞히자 요정이 스스로 몸을 갈라 죽었다고 한다.

네 번째 관문: 적절한 치료받기

일반의 또는 가정의학과 의사가 올바른 진단을 내린 후에도 다시 난관이 나타난다. 과연 어떻게 해야 적절한 치료를 받을 수 있을까?

의사가 직접 치료할 수도 있지만 그러기 위해서는 정신과 기본 지식을 갖추어야 한다. 네덜란드 가정의의 경우 심리 치료 추가 교육만 받은 경우가 많다. 병원 명패에 보면 적혀 있으니 참고하라. ▲

의사가 해당 지식을 갖추었다면 아마 1차 우울증의 경우 곧바로 항우울제를 처방하지는 않을 것이다. 바람직한 의사라면 정보를 제공하고 꾸준히 지켜보며 증상의 호전을 위해 노력할 것이다. 무엇보다 환자와 함께 몇 가지 실천 가능한 하루의 목표를 정할 것이고, 일과 취미를 최대한 지금처럼 유지할 것이며 즐거운 일을 시도해 보라고 격려할 것이다. 또 규칙적인 생활과 운동, 인간관계, 과도한 음주 금지를 권할 것이다.

정기적인 진료 상담도 권할 것이다. 처음에는 2주에 한

▲ 한국에서는 해당 분야의 '전문의'만이 병원 간판과 명패에 자격을 취득한 진료 과목을 명시할 수 있다. 또한 의료법상 일반의도 정신과 환자에 대한 진료가 가능하긴 하나 정신과 환자에 대한 약물 처방부터 각종 소견서, 진단서, 입원 결정, 자격 취득 등의 광범위한 문제들은 정신건강의학과 전문의의 자격을 요구하고 있다.

번이 좋을 것이고, 시간이 가면 차차 간격을 늘릴 수도 있을 것이다. 진료 상담의 횟수는 여러 가지 요인에 달려 있다. 환자가 느끼는 고통의 정도, 환자의 바람, 필요할 때 도움을 구할 수 있는지의 여부, 우울증이 하루 일과에 미치는 영향 등에 따라 달라진다. 의사는 진료 상담 때마다 증상의 경과, 집과 일터에서의 행동을 점검하고 목표의 실천 여부를 평가한다.

치료가 잘되려면 의사의 지식과 시간, 인내심이 필요하다. 그런데 대부분의 의사들은 이런 요건을 갖추지 못한다. 그런데도 자신의 능력을 과대평가하는 의사들이 있다. 따라서 가족이 의사를 만나고 온 후 그 의사에게서 치료를 받기로 했다고 하거든 몇 가지 질문을 던져 보아야 한다. 의사가 우울증에 대한 정보를 제공했는가? 했다면 어떤 정보인가? 의사가 정기적인 진료 상담을 요구했는가? 했다면 몇 회, 어떤 방식인가? 의사가 조언을 해 주었는가? 의사가 함께 몇 가지 목표를 정하고 그 목표의 실천을 권고했는가? 이 모든 질문에 긍정적인 대답이 돌아온다면 잘하고 있다고 안심해도 좋다.

세 달이 지나도 호전이 전혀 되지 않거나 불충분할 경우 아마도 의사는 항우울제를 권할 것이다. 초기 단계에서부터 항우울제를 권할 수도 있고, 아예 첫날부터 항우울제를 처방할 수도 있다. 따라서 가족이 병원에 가겠다고 하면 얼른 마음의 준비를 시켜야 한다. 하지만 "이걸 해라", "내가 당신이라면 이렇게 하겠다"는 식의 표현보다는 질문 형식이 바람직하다. 항우울제를 어떻게 생각해? 효과를 믿어? 먹을 생각이 있어? 먹을 마음이 있다면 일반병원에서 처방 받는 게 좋을까 아니면 신경정신과에 가는 게 좋을까? 이런 식으로 묻는 게 좋다.

항우울제를 안 먹겠다고 하면 그럼 어떤 치료를 받고 싶으냐고 물어보자. 심리 치료? 아니면 운동 치료?

가족이 일반 병원 대신 심리 치료사나 정신과 의사, 신경과 의사를 원한다면 먼저 그에 대해 이야기를 나누어 보고 의사가 어떤 질문을 던지고 어떤 권유를 할지 고민해 보자. 정확히 어떤 차이가 있는지 모르는 분들을 위해 아래에서 짧게 설명해 보도록 하겠다.

우울증에 도움을 줄 수 있는 전문가들

신경정신과 의사•

정신과 의사는 의학을 공부하였고 정신과 전문의 과정을 마쳤다. 따라서 중증 정신 질환과 싸우는 사람들을 전문적으로 치료한다. 전문의 과정을 통해 심리 질환과 신체 질환의 진단법을 배웠기 때문에 증상이 신체적 원인인지도 진단할 수 있다. 또 다양한 종류의 치료를 실시할 수 있다. 의사이기 때문에 의약품 처방을 할 수 있고 실험 연구도 가능하다.

• 한국에서는 '신경정신과'에서 '신경과'와 '정신건강의학과'로 1982년에 분리되었다. 신경과에서는 간질, 뇌졸중 등의 뇌의 기질적 질환을 주로 치료하고, 정신건강의학과에서는 불안, 우울을 포함해 생각·지각의 이상 등 심리·행동적 증상을 주로 치료한다.

심리학자

심리학자는 심리학, 즉 인간의 내면(인지, 기분, 노력)과 행동을 연구하는 학문을 공부하였다. 그 과정에서 심리 치료법에 관한 지식과 기술도 함께 배운다. 물론 보통은 대학을 마친 후 이런 지식과 기술을 더 심화시킨다.

심리 치료사

얼마 전까지만 해도 아무나 심리 치료사라는 이름을 쓸 수 있었지만 지금은 국가가 인정하는 자격증이 필요하다. 대학에서 의학이나 심리학을 전공한 후 심리 치료사 교육 과정을 마친 사람들이다.*

신경과 의사

신경과 의사는 1차적으로 신경 체계 기질성 질환을 담당한다. 의학을 공부한 후 전문의 과정을 마쳐야 하며, 1년의 정신과 근무가 그 과정에 포함된다. 따라서 정신과 진단과 치료에 필요한 기본 지식도 갖추고 있다.

---

* 한국에서도 심리 치료사의 자격은 면허제가 아니라 자격증제다. 또한 "심료 치료자" 하면 대중적으로는 "상담심리사, 임상심리사, 정신과 의사" 정도로 그 의미가 혼용되어 쓰이는 경우가 많다. 정신과 의사는 의사의 일종으로서 셋 중 유일하게 약물치료를 할 권한을 가지며, 상담 치료를 하기도 한다. 임상심리 사는 정부나 학회 측의 자격증을 획득한 사람으로 병원이나 병원과 관계 있는 기관에서 근무하며, 자격증 우대 채용을 할 때 유리하다. 일반적으로 상담심리 사와 임상심리사를 혼동하는 경우가 많은데 상담심리사는 상담과 심리 치료로 내담자의 심리적 어려움을 경감시키는 게 주 업무이고 임상심리사는 심리평가와 DSM-5에 의거한 '이상심리 진단'이 주 업무라고는 하나, 현재 한국에서는 "상담심리사, 임상심리사, 정신과 의사"의 영역을 명확히 구분짓기가 어려운 상황이다.

의사에게 다른 곳에서 치료를 받겠다고 하면 두 가지 질문을 던질 것이다. "생각해 둔 치료법이 있나요?"와 "어떤 치료사를 원하시나요?"다. 대답을 못하면 의사가 추천을 해 줄 것이다. 당연히 의사의 선호도와 경험이 개입될 것이다.

의사가 추천하는 대로 갈 수도 있다. 하지만 그 전에 직접 심리 치료 시장을 살펴보는 편이 더 좋을 것이다. 그래야 과학적으로 효과가 입증된 치료법을 사용하는 치료사나 시설을 찾을 확률이 높아질 테니까 말이다.

하지만 당신의 가족은 의사의 질문을 예상하고 그에 맞는 대답을 준비할 에너지가 없을 것이다. 어차피 미래는 암담하고 무슨 짓을 해도 소용없다고 생각할 수도 있다. 어쩌면 부끄러워서 묻고 싶어도 질문을 던지지 못할 것이다. 따라서 이 단계에선 특히 당신의 도움이 많이 필요하다. 환자에게 이 책에 실린 다양한 치료법을 읽어 보라고 권하거나 당신이 설명해 주어야 한다. 또 둘이 함께 인터넷에 접속하여 우울증 치료법에 대한 정보를 찾아보자. 어떤 치료사가 마음에 드는지, 마음에 들지 않는 치료사가 있는지 환자에게 물어보자. 도움을 청할 만한 주요 웹사이트 주소를 다음과 같이 정리하였으니 참고하기 바란다.

서울시 마음터치 블루(우울증 자가 관리 프로그램)
https://touch.mindspa.kr:442/blue/session=0/sub_1.asp

서울시 자살예방센터(자살 예방 및 정신 건강 채팅 상담)
http://www.suicide.or.kr/

서울 아기 건강 첫걸음 사업(산후우울증)
https://ourbaby.seoul.kr/

경기도 자살예방센터
http://www.mentalhealth.or.kr/

부산광역 정신건강 복지센터
http://www.busaninmaum.com/

대구광역 정신건강 복지센터
https://www.dgmhc.or.kr:6469/index.htm

인천광역시 자살예방센터
https://imhc.or.kr:6023/index.asp

광주광역 정신건강 복지센터
http://www.gmhc.kr/

대전광역 정신건강 복지센터
http://www.djpmhc.or.kr/new/html/main.htm

울산광역 정신건강 복지센터
http://www.usmind.or.kr/

충청남도광역 정신건강 복지센터
http://www.chmhc.or.kr/

충청북도광역 정신건강 복지센터
http://www.cbmind.or.kr/

강원도광역 정신건강 복지센터
http://www.gwmh.or.kr/

전라북도광역 정신건강 복지센터
http://jbmhc.or.kr/

전라남도광역 정신 건강복지센터
http://www.061mind.or.kr/

경상북도광역 정신건강 복지센터
http://www.gbmhc.or.kr/main/index.html

경상남도광역 정신건강 복지센터
https://www.gnmhc.or.kr/

제주시 정신건강 복지센터
http://jmhc.org/

그러니까 자동차를 살 때와 다르지 않다. 새 차를 사고 싶다면 당신은 가족과 의논할 것이고 두 사람이 원하는 차종의 대리점이 어디에 있나 찾아볼 것이다. 심리 치료법을 찾을 때도 마찬가지다. 두 사람이 의논해서 원하는 치료 방법을 찾아보고, 해당 치료사나 시설에 문의해야 할 것이다.

전화로 문의를 할 때는 치료사의 말에 현혹되어서는 안 된다. "많은 환자를 낫게 했다"는 식의 말들은 모든 치료사가 하는 말이다. 그가 어떤 교육을 받았고 어떤 경험이 있는지를 살펴라.

이렇게 꼼꼼히 살피자면 시간이 많이 들 것이다. 자동차

대리점을 찾을 때보다 훨씬 많이 걸릴 것이다. 효과가 입증되지 않은 치료법을 사용하므로 제외시켜야 할 치료사와 치료 시설이 엄청나게 많아서 아마 놀랄 것이다. 여러 가지 치료법의 효과를 연구하여 국제적으로도 인정받는 암스테르담 자유대학교 임상심리학과 교수 P. 카위퍼스[P. Cuijpers]는 치료를 시작한 환자의 20퍼센트가 효과가 과학적으로 입증되지 않은 치료를 받는다고 밝힌 바 있다(Vermeulen, 2008년). 실제로 효과가 입증된 치료법의 비율은 놀랄 정도로 적다.

다섯 번째 관문: 잘 맞는 치료사 찾기

마침내 효과가 입증된 치료법을 사용하는 치료사를 찾았다고 해도 아직 끝이 아니다. 마지막 난관이 당신과 가족에게 나타날 것이다. 선택한 치료사가 정말로 내 가족과 잘 맞는지 알아내야 하기 때문이다. 심리 치료는 자동차 수리와는 달라서 치료사의 치료 방법도 중요하지만 치료사의 인성도 치료 결과에 큰 영향을 미친다. 실험 결과를 보면 심지어 인성이 방법보다 더 중요하다고 한다. 그래서 이런 옛말도 있지 않은가. "의학이 아니라 의사가 환자를 치료한다." 우울증 같은 심리 질환의 경우 신체 질환보다 훨씬 더 그렇다. 환자와 치료사가 '스파크가 튀느냐'에 따라서 치료의 성패가 결정된다. 1~2회의 상담을 마친 가족이 치료사를 신뢰하지 못하는 것 같으면 그 치료는 실패로 끝날 위험이 높다. 반대로 첫 상담이 흡족했으면 치료가 만족스럽게 진행될 확률이 높다.

좋은 치료사는 환자에게 그 사실을 알린다. 독일의 인기 있는 방송 진행자 사라 쿠트너가 쓴 소설『다시 사랑할 수 있을까』에서 치료사는 여주인공에게 첫 상담 시간에 이렇게 말한다.

> 이 한 시간의 상담이 끝나거든 이 시간이 어땠는지 며칠을 두고 가만히 지켜보세요. 그런 다음 정기적으로 이곳을 찾아오면 어떨까 고민해 보세요. 제가 맞는 치료사란 기분이 드는지 두고 보세요. 그런 게 아주 중요합니다.
>
> (사라 쿠트너, 2009년)

무엇보다 상담 후 가족이 치료사로부터 도움을 받을 수 있다는 희망을 얻었는지 그것이 중요하다. 희망은 두 사람의 관계를 측정할 수 있는 최고의 바로미터기 때문이다. 미국 정신과 의사 고든 리빙스턴Gordon Livingstone은 자신에게 맞는 치료사를 이렇게 설명한다.

> 환자가 치료사가 자기편이라는 확신을 얻어야 한다.

제대로 된 치료사는 환자와 의견을 나누고 내면의 부모를 대신하며 경험 많고 믿을 수 있는 조언을 던져야 한다. 모든 환자에게 맞는 치료사는 없다. 모든 인간은 지극히 개인적인 욕망을 품기에 어떤 치료사와 잘 '맞느냐' 안 맞느냐는 이 욕망에 달려 있다. 치료사 역시 자신의 인생 경험과 선입견, 변화의 철학을 치료 과정에 투입한다. 따라서 서로 잘하려는 노력이 허사로 돌아갈 수도 있고 심지어 해로울 수도 있다. 다른 인간관계와 다르지 않다. 잘 통할지 아닐지를 예상하기가 힘들다. 좋은 치료사의 특성은 좋은 부모의 특성과 같다. 인내심과 공감 능력, 애정을 갖고 섣부르게 판단하지 말고 경청하는 능력을 갖추어야 한다. 이상적으로는 그렇다. 하지만 같은 자식이라도 자식마다 부모의 반응이 다 다르듯 치료사 역시 어떤 환자와는 잘 지내지만 또 어떤 환자와는 그렇지 못하다. 우리는 우리와 비슷한 사람을 제일 잘 도울 수 있지만 그 사실을 인정하지 않으려 한다. … 어떤 치료사도 모든 사람을 똑같이 잘 치료할 수 있다고 자만해서는 안 된다.

(고든 리빙스턴, 2006년)

영국 심리학자 래저러스는 환자와 치료사의 관계를 판단하는 데 도움이 될 리스트를 개발하였다. 나의 가족이 치료에 의심을 품기 시작하거든 이 리스트를 작성하게 하자. 아래의 열두 가지 질문을 읽고 각 질문에 1~5점에 해당하는 점수를 매겨 보자.

1. 치료사와 함께 있으면 기분이 좋다.

    1   2   3   4   5

2. 치료사도 나와 같이 있으면 기분이 좋아 보인다.

    1   2   3   4   5

3. 치료사가 새로운 아이디어에 유연하고 개방적이다.

    1   2   3   4   5

4. 치료사가 성격이 좋다.

    1   2   3   4   5

5. 치료사가 내 질문에 무슨 뜻이냐고 묻지 않고 바로 대답한다.

    1   2   3   4   5

6. 치료사의 말을 잘 알아들을 수 있다.

    1   2   3   4   5

7. 치료사의 말이 납득이 잘된다.

    1   2   3   4   5

8. 치료사가 자신의 의견과 달라도 내 나름의 의견을 말할 수 있게 용기를 준다. 비판적인 의견을 이야기해도 반항이라고 보지 않는다.

    1   2   3   4   5

9. 치료사가 내게 중요한 사람들과 연락하고 싶어 한다.

    1   2   3   4   5

10. 치료사가 연신 시계를 보지 않는다. 상담이 예정 시간보다 좀 길어져도 추가 비용을 청구하지 않는다.

    1   2   3   4   5

1: 전혀 그렇지 않다 2: 거의 그렇지 않다 3: 그럴 때가 많다 4: 대부분 그렇다 5: 언제나 그렇다

마지막으로 모든 문항의 점수를 더한다.

　　저러스는 총점이 24점 혹은 그 이하면 즉시 다른 치료
사를 찾아야 한다고 말한다. 35점 이하도 과연 맞는 치료
사인지 의심하라고 충고한다. 이 경우 직접 치료사에게 의
심을 털어놓는 것이 좋다. 그 순간 치료사의 반응도 판단
에 도움이 될 수 있다. 좋은 치료사라면 환자에게 무엇이
최선인지 찾아내려고 노력할 것이다. 따라서 환자의 의견
을 존중하여 진지하게 받아들일 것이다. 환자가 다른 치
료사를 찾고 싶다고 해도 그 뜻을 받아들여 지지해 줄 것
이다.

　　의사가 추천해 준 치료사라고 해서 의무감을 느낄 필
요는 없다. 그 점을 가족에게 말해 주자. 치료사가 너무 친

절한데 딴 곳으로 가기가 미안하다는 생각도 잘못이다. 치료사는 친절하기만 해서는 안 된다. 친절은 기본이고 환자에게 전문적이라는 확신을 줄 수도 있어야 한다.

물론 치료를 받다 보면 갈등이 생길 수도 있다. 절대 갈등이 있어서는 안 된다는 말이 아니다. 그러나 그 갈등이 유익해야 한다. 그런 충돌과 의견 대립이 치료에 도움이 된다는 느낌이 든다면 치료를 중단할 이유가 전혀 없다.

가족이 치료를 앞두었다면 주의해야 할 사항을 몇 가지 더 적어 보았다. 다음의 '서바이벌 팁'을 참고로 다시 한 번 점검해 보도록 하자.

치료를 앞둔 가족이 주의해야 할 사항

- 치료를 시작하려면 많은 용기가 필요하다. 치료를 하겠다는 내 가족에게 칭찬을 해 주자. 가족이 치료에 불안을 느낀다면 첫 상담 시간에 그 불안한 마음까지 치료사에게 이야기할 수 있다고 알려 주자. 그럼 대부분 훨씬 마음이 가벼워질 것이다.

- 치료를 시작하면 조금 더 기분이 안 좋아질 수도 있으니 각오를 해야 한다고 설명해 주자. 물론 치료사도 설명하겠지만 당신의 가족이 긴장하거나 스트레스를 받아서 치료사가 한 말을 다 기억하지 못할지도 모른다.

- 치료사의 설명이나 해석을 당신의 가족이 납득하지 못하거든 치료사에게 말해야 한다. 치료사가 당신의 반응을 수용한다면 좋은 치

료사라는 증거다.

- 치료사의 상당수가 자신이 실제로 겪고 있는 문제를 환자에게 믿게 만들려고 한다. 이것을 심리학 전문 용어로 '투사'라고 부른다. 만일 그렇게 한다면 그 치료사는 그 자신이 치료를 해야 하는 사람이다. 당신의 가족이 치료사의 설명이나 해석을 납득할 수 없다고 말하거든 주의하라. 그건 치료사가 투사를 하고 있다는 신호일 수 있다.

- 치료사가 건넨 충고를 내 가족이 쓸모없다고 생각할 수 있다. 내가 제일 처음으로 치료한 여성 환자가 첫 상담 중에 들려준 이야기도 그랬다. 그녀는 부부 사이가 안 좋아서 복지센터 상담사에게 상담을 받았는데 도중에 중단했다. 그 상담사가 자기도 이혼을 했는데 정말 좋다며 그녀에게 이혼을 권했기 때문이었다. 치료사에게 도움이 되기 때문에, 혹은 치료사가 건넨 조언이니까 그의 충고를 따른다는 것은 말이 안 된다. 좋은 치료사라면 인생을 좌우할 중대한 결정에 그런 식의 조언을 함부로 던지지 않을 것이다.

- 모든 치료는 고통스럽다. 첫 상담 시간만 상상해 봐도 충분히 짐작할 수 있을 것이다. 당신의 가족은 왜 도움이 필요한지 설명해야 한다. 더 시간이 흘러 치료가 진행되는 동안에도 이따금씩 부정적이든 긍정적이든 강렬한 감정이 터져 나올 것이다. 좋은 치료사라면 알아서 환자에게 도움이 되는 방식으로 신중하게 접근할 것이다 (Verhulst, 2001년). 따라서 치료를 받으면서 고통스러운 감정과 마주친다고 해서 치료를 중단해서는 안 된다고 가족에게 충고해야 한다. 그런 과정이 성장의 기회가 될 수 있으니까 말이다.

- 치료가 체계적인지, 가족이 현재 싸우고 있는 문제와 고통을 해결하기 위해 치료사가 노력하는지 그것을 특히 주의 깊게 살펴야 한다. 과거에 대해 이야기하고 그동안의 인생 역정을 되돌아보는 것도 분명 질환을 이해하는 데 도움이 되기는 하겠지만, 치료 과정 전체를 두고 볼 때 그 부분이 중심이 되어서는 절대로 안 될 것이다.

좋은 치료사는 치료 기간을 최소화하기 위해서도 노력할 것이다. 우울증은 (다른 모든 정신 질환이 그러하듯) 자유로운 생활과 결정 가능성을 제한한다. 치료는 이 자유를 되찾기 위해 노력하는 과정이다. 그런데 치료 기간이 너무 길면 환자가 의존적이 되므로 다시금 환자의 자유가 억제된다. 치료의 목적은 자유의 탈환이기에 좋은 치료사라면 모든 선택 과정에 (특히 치료 목표와 개입에) 최대한 환자를 함께 끌어들일 것이다. 또 겸손함은 좋은 치료사의 특징이다.

여러 명의 치료사 중에서 선택할 수 있다면 어떤 기준을 따라야 할까? 연구 결과를 보면 여성이 공감 능력이 더 뛰어나므로 상대의 말을 잘 들어준다고 한다. 이것은 매우 중요한 능력이다. 여러 연구 결과에서도 입증되었듯 치료사가 공감하고 잘 들어주면 회복 속도가 빠르다. (스트레스는 면역 체계에 나쁜 영향을 미치지만 경청은 면역 체계 효과를 촉진하기 때문이다.)

물론 남성 치료사들 중에도 공감 능력이 뛰어난 사람이 많지만 평균적으로 여성의 능력이 더 우수하다. 따라서 여성 치료사를 선택하는 것이 성공 확률을 높일 것이다. 남성이 속마음을 털어놓을 때 듣는 상대가 남성이면 여성인 경우보다 더 불편함을 느낀다. 듣는 상대 남성의 연령이 환자와 비슷하거나 심지어 환자보다 젊을 경우엔 불쾌감이 더 심해진다. 원숭이를 대상으로 실험한 결과를 보면 양쪽 모두 불쾌감을 느낀다. 즉 위로하는 수컷 원숭이는 위로받는 수컷 원숭이만큼 스트레스를 느낀다. 위로하는 암컷 원숭이와 위로받는 수컷 원숭이의 스트레스 지수는 (위로하는 수컷 원숭이와 위로받는 암컷 원숭이와 마찬가지로) 훨씬 낮다.

당신의 가족이 어떤 치료사를 선택했건 두세 번의 상담이 끝난 후에는 치료사와 그 치료 방식이 신뢰가 가는지 가족에게 물어보아야 한다. 그 대답이 부정적이거든 다른 치료사를 물색해야 한다. 가족이 치료사를 불신하지만 치료사에게 대놓고 말하기 꺼려진다면 의사에게 알리고 그와 대책을 의논해 볼 수 있다. 환자의 생각이 우선이므로 가족이 혹시라도 망설이거든 적극 용기를 북돋아 주자. 치료가 잘못되면 안 하느니만 못한 결과가 초래될 수도 있기 때문이다.

하지만 그렇다고 해서 지레 겁을 집어먹고 가족에게 전문적 도움을 권하지 않아서는 안 될 것이다. 그건 내 충고의 의도가 아니다. 나의 경고는 모든 직업에 통하기에 심리 치료사에게도 해당되는 법칙을 기틀로 삼는다. 즉 10퍼센트는 탁월하고 80퍼센트는 우수하지만 나머지 10퍼센트는 권할 만하지 않다는 법칙 말이다. 내 말이 무슨 뜻인지 이해했을 것이다. 그 마지막 10퍼센트는 피하도록 노력해야 한다는 뜻이다. 더불어 심리 치료에만 해당되는 특수한 상황이 있다. 심리 치료사는 실력이 출중해도, 정말로 뛰어난 실력을 자랑한다고 해도 당신의 가족과는 좋은 관계를 맺지 못할 수 있다. 그러니까 당신의 가족이 잘 맞지 않는 치료사를 만날 확률은 다른 직업에 해당되는 그 10퍼센트보다 훨씬 높을 것이다. 심리 치료의 중단이 잦은 데에는 다 그럴 만한 이유가 있는 것이다.

그렇게 되지 않아야 하기에 심리 치료를 시작하면 초기에 치료사와 '케미가 맞는지' 잘 살펴야 한다. 네덜란드 법에서는 환자를 보호하기 위해 예비 상담 제도를 두고 있다. 다섯 번 상담하는 동안 (분석 치료는 8회) 다른 치료사를 택할지 결정할 수 있다.▲ 자동차나 집을 살 때와 마찬가지로 심리 치료도 덜컥 계약서를 쓸 것이 아니라 조금이라도 의심이 들면 계속 찾아나서야 한다.

▲ 네덜란드 정부와 의료보험에서는 심리 치료를 국가가 지원할 때, 예비 상담 제도와 상담 횟수를 제한해서 지원하는 제도를 운영하고 있다. 현재 우리나라에서는 이런 제도가 각 부처마다 다른 기준과 다른 방식으로 제공되고 있다. 예를 들어 우리 나라의 지방자치단체 중에서는 5~7회의 상담비를 지원하는 사례들이 생기고 있다.

5장

"가족의 우울증은
나에게 어떤 영향을 줄까?"

우울증에 빠진 사람의 곁에서 느끼는
아홉 가지 감정

사랑하는 사람에게 우울증이 찾아오면 당신은 괴롭다. 그 사람이 예전의 그 사람이 아니다. 당신 눈앞에 있는 저 사람은 살과 피를 가진 인간이 아니라 그림자라는 기분마저 들지 모른다. 더불어 당신의 삶도 변했다. 우울증 증상은 당신에게도 영향을 미치기 때문이다. 예를 들어 가족이 예전보다 매사에 의욕이 없고 게으름을 피운다면 그건 당신이 그의 몫까지 떠안아야 한다는 뜻일 수 있다. 게다가 모든 질병이 그렇지만 특히 우울증은 무언의 외침이다. "도와줘!" 혹은 (가능하다면) "가만 내버려 둬." 어떨 때는 그 둘 다일 수도 있다. "도와주되 날 가만 냅둬!"

한마디로 우울증은 환자뿐 아니라 가까운 사람들한테도 수많은 감정을 불러일으키며, 그 감정은 사람마다 다 다를 것이다.

이 장에서는 우울증 환자의 가족이 어떤 감정을 가장 많이 느끼는지 알아볼 것이다. 당신의 입에서 "아, 나도 그래!"라는 외침이 튀어나올 확률이 크다. 그러니까 당신이 이 장을 다 읽고 난 후 '나만 그런 게 아니구나. 정말 다행이야'라고 생각했으면 좋겠다.

불안

가족이 우울증에 걸려도 대부분은 금방 알아차리지 못한다. 우울증은 뇌졸중이나 심근 경색처럼 마른하늘의 날벼락이 아니라 밤도둑이기 때문이다. 우울증은 아주 천천히 몰래 다가온다. 그래서 한참 동안 아무것도 모르다가 문득 위험한 것이 코앞에 있다는 서늘한 느낌에 사로잡힌다. 물론 우울증이 천천히 살금살금 접근할 동안에도 뭔가 이상하다는 느낌은 있다. 말로 표현할 수 없는 불쾌감이 스멀스멀 밀려온다. 불꽃은 안 보이지만 연기가 슬슬 피어오른다. 가끔은 작은 불꽃이 보이기도 해서 그럴 때는 고개를 갸웃하기도 한다. 별일도 아닌데 왜 저렇게 화를 내지? 정신이 딴 데 간 사람처럼 멍한데 내가 잘못 봤을까? 통 웃지를 않고 매사 의욕도 없는 것 같은데 말 못할 사정이 있나? 얼굴이 창백하고 입만 열면 피곤하다고 하는데 왜 저러지?

통 밥을 안 먹네. 회사 사정이 어려운가?

　마음은 불안하지만 변한 가족의 모습을 어떻게 생각해야 할지 알 수가 없다. 그저 이런 질문을 외면하고 싶고 쫓아 버리고 싶다. 그래서 나름대로 이런 저런 이유를 찾아내며 불안을 털어내려 애쓴다. "다들 힘들 때가 있는 거지.", "회사가 구조 조정을 해서 그럴 거야. 스스로는 못 느껴도 많이 불안했던 거지.", "벌써 쉰이잖아. 갱년기라서 그럴 거야.", "애들이 다 독립하고 나니까 허전한 거지."

　불쾌감과 가족의 이상 행동을 외부에서 찾지 않고 당신 자신 때문이라고 생각할 수도 있다. '나 때문인가? 나한테 관심이 없어져서 섹스도 안 하려고 하는 건가? 내가 뭘 잘못했나? 내가 요즘 너무 바빠서 신경을 못 써 줬더니 그런가? 나에 대한 사랑이 식었을까?' 당신이 자신에게로 화살을 돌리는 이유는 아마 가족이 다른 사람들하고 있을 때는 멀쩡하기 때문일 것이다. 다른 사람과 전화를 하거나 집에 손님이 오거나 다른 집에 놀러 가면 예전과 다름없이 잘 웃고 떠든다. 그가 명랑의 가면을 뒤집어쓰고서 다시 활달하게 대화를 나누기 때문이다. 이 시점까지도 당신은 아직 모를 것이다. 우울증 환자들은 한참 동안 바깥세상을 향해 명랑한 표정을 지을 수 있고 진짜 속마음보다 훨씬 밝은 얼굴을 연출할 수 있다는 사실을 말이다. 열여섯 살 때부터 중증 자살성 우울증을 앓았던 의학자 야프 베렌트 바커르Jaap

Berend Bakker가 대표적인 사례일 것이다. 자서전 『힘겨루기 *Krachtmeting*』(1995년)에서 그는 우울증이 시작되고 5년이 지나서야 아버지한테 사실을 털어놓았고, 아버지는 정신과 의사에 대형 정신 병원 병원장이었지만 그동안 그 사실을 전혀 몰랐다고 고백했다. 당신은 여전히 불안을 잠재우려 애쓸 것이다. '그래. 내가 너무 예민한 걸 거야. 잊어버리자. 처음부터 다시 시작하면 돼.', '친구들도 다 그런 시기를 겪었다고 했어. 좀 지나면 괜찮아 질 거야.' 여성의 경우 이런 식으로 자신의 느낌을 불신하는 경향이 남성보다 더 심하다고 한다.

절망

마침내 어떤 사태가 벌어졌는지 깨달았거나 일반의나 다른 전문의에게서 진단을 받았다면 아마 마음이 두 갈래일 것이다. 한편으로는 안도의 한숨이 터져 나올 것이다. 왜 그랬는지 드디어 알게 되었으니까 말이다. 환자와 마찬가지로 당신에게서도 '룸펠슈틸츠헨 효과'가 나타날 것이다. 하지만 또 한편으로는 툭 하고 용기가 꺾일지도 모르겠다. 과연 좋아질까? 다시 좋은 날이 올까? 남편이 우울증이라는 사실을 알고 난 후 작가 안니 M. G. 스미트도 그런 심정이었다.

늘 그래왔듯 충실하고 싶고 그냥 파트너이고 싶다. 계속해서 모든 것을 같이 의논하고 싶다. 누군가 그런 식으로 우울하여 아무것도 하지 않으려 하면 그 우울의 동굴에서 그를 꺼내 일으키고 싶다. 말하고 싶다. 이리 와서 노래 한 곡 듣자. 이리 와, 내가 재미난 걸 읽어 줄게. 공원에 같이 가자. 꽃이 활짝 피었어. 하지만 그는 말했다. "봄이 싫어. 꽃도 싫고. 봄이 정말 싫어." 그는 가기 싫다고 했다.

(안니 M. G. 스미트, 2002년)

관계의 균형이 깨지면서 절망은 더욱 깊어진다. 당신의 파트너가 우울증에 걸리면 당신이 더 많이 주어야 할 테지만 돌아오는 것은 별로 없다. "자기밖에 모르는 것 같아요. 예전처럼 딴 사람들도, 애들이나 나도 좀 생각해 줬으면 좋겠어요." 아버지가, 어머니가, 시부모가, 친구가 우울증에 걸려도 똑같은 기분이 들 것이다.

절망감은 무엇보다 자신감의 상실을 동반한다. 이제 당신은 마음이 편치 않을 것이다. 힘든 마음은 몸으로도 나타날 것이고 몸에 이상이 온 듯 통증을 느낄 때마다 당신은 걱정이 앞설 것이다('심장에 문제가 생겼나? 암인가?').

상심

우울증 환자의 가족이 느끼는 온갖 감정들 중에서 아마 외부인이 보기에 가장 이해할 수 있는 감정은 상심일 것이다. 상심은 지나간 것에 대한 심리적 고통과 슬픔이다. 슬플 때 당신은 잃어버린 것을 그리워한다. 과거를 다시 불러오고픈 이유는 많다. 우울증은 당신에게서 많은 것을 앗아갔다. 예전에는 당연했던 모든 것들, 근심 없이 해맑았던 순간들, 책임을 나누어지고 함께 결정해 주던 사람을 당신은 잃었다. 앞서 인용한 안니 M. G. 스미트도 같은 말을 했다.

(사랑하는 이의) 이 끔찍한 우울증은 내 삶에도 제동기를 단다. 우울증이 전염된 것 같다. 최근에는 그가 내 발목을 붙드는 짐짝이 되어 버렸다. 그렇지만 너무 복잡하다. … 상심도 컸다. 나는 너무나 많은 사랑을, 너무나 많은 실을 칭칭 감아 그에게 매달렸다. 그러나 나중에 돌아보니 그에게서 해방되고 싶었다. 그만큼 내 마음이 정말로 왔다 갔다 했다.
그는 자기 우울증을 아끼는 물건처럼 품어 돌보았다. 물을 주고 가꾸어 우울증을 길렀다. 그런 사람은 더 이상 빛을 보지 못한다. 모든 것이, 세상 만물이 암울하다. 그의 불신이 끔찍할 정도로 싫었다. 어디가? 누구랑? 어제 어디 있었어? 그 말에 담긴 증오가, 경멸이, 속물근성이 정말로 싫었다. 하지만 그를 향한 나의 애정이 아직 그대로라는 것을 나는 너무나 정확히 알았다. 나는 늘 생각했다. 아무리 힘들어도 당신 없이는 못살아. 혼자 남고 싶지 않아.

(안니 M. G. 스미트, 2002년)

잃어버린 것의 자리에 근심이 파고든다. 가족이 자기 집으로 숨어든 달팽이 같아서 예전처럼 소통할 수 없을 경우 그 상실감은 정말 이루 말할 수가 없다. 우울증 탓에 화목하던 가족 분위기가 어색해진 것도 너무나 슬픈 일이다. 우울증에 걸린 가족이 그런 일을 겪을 만큼 나쁜 짓을 한 것도 아닌데 왜 그런 몹쓸 병에 걸렸는지 알 수가 없어 더 슬프다.

슬픔이 찾아오면 과거에 집착할 것이다. '모든 것이 정상이던 그 시간'을 자꾸만 떠올릴 것이다. 사랑하는 가족이 죽었다면 사람들은 당신의 슬픔을 금방 이해할 것이다. 하지만 가족이 우울증에 걸려 당신이 그를 도와주어야 할 경우 사람들은 당신의 슬픔을 잘 이해하지 못한다. 당신의 상실감을 알 수 없을 테니 당신의 슬픔과 상심을 어찌 이해하겠는가. 이해까지는 바라지 않는다 해도 아예 알아차리지조차 못할 것이다.

분노

운명의 장난에 상심으로 반응하거나 분노로 반응하는 사람도 많지만 대부분은 그 두 가지 감정이 복잡하게 뒤섞인다. 슬픔과 분노가 뒤엉켜 그 경계가 희미할 때가 많은 것이다. "밤에 혼자 잠자리에 들면 분노가 솟구쳐요. 그럼 금방 뺨을 타고 눈물이 흘러내리죠." 많은 가족들이 묻고 또 묻는다. '왜 하필 그/그녀인가?', '왜 하필 나인가?', '왜 하필 우리인가?'

연구 결과를 보면 인간의 분노는 70퍼센트가 마땅히 향해야 할 사람이 아니라 애먼 사람들에게 향한다고 한다. 어쩌면 그 연구 결과가 당신에게도 해당되어 괜히 다른 사람에게 (예를 들어 의사에게) 분노를 터트릴 수도 있다. 의사가 어떻게 그렇게 모를 수가 있어, 제때 알아차리고 조치를 취했다면 저 정도까지 되지는 않았을 텐데. 그 분노가 자신의 가족을 향할 수도 있다. 남들보다 더 팔 걷어붙이고 나서 도와주고 이해해 줘도 시원치 않을 텐데 남들보다 못한 그들의 행동이 원망스러운 것이다. "올케가 유방암에 걸렸을 때 내가 얼마나 도와줬는데 정작 내가 힘들 때는 코빼기도 안 보이다니."

모든 친밀한 관계에선 사랑과 분노가 동반되는 법이다. 그렇지 않는 경우는 둘이 소 닭 보듯 무심할 때뿐이다. 그러니 당신이 우울증에 걸린 가족에게 분노를 느끼는 것은 지극히 당연하다. 물론 가족이 우울증이 아닐 때에도 분노는 있었겠지만 지금은 종류가 다른 분노다. 예전에는 특정 행동이나 성격에 대해 분노했다면 지금은 완전히 변해 버린 사람 그 전체에 신물이 난다. "알아보지 못할 지경이야." 아내가 우울증에 걸린 남편도 다음과 같이 고백한다.

> 그녀가 점차 우울증에 잠기는 모습을 나는 무력하게 지켜볼 수밖에 없었다. 그녀는 그 무엇에도 관심이 없었다. 좀비 같았다. 어떤 말에도 완전 무반응인 것이 제일 견디기 힘들었다. 우리의 사랑이 끝나 버린 것보다 더 나빴다. 그녀에게 손가락 하나도 댈 수 없었기 때문이다. 손을 뻗으면 그녀는 벌컥 화를 냈다. 그것이야 그래도 괜찮았지만 동지를 잃어버린 것이 제일 뼈아팠다. 가끔 이 모든 상황이 너무 힘에 부칠 때가 있었다. 그럼 소파에 앉아 엉엉 울었다. 얼마나 계속될지 알 수가 없었기 때문이다. 이런 식으로 살아야 한다면 하루하루가 영원 같을 것이다. 한 번은 그녀의 부당한 행동에 어찌나 화가 났던지 몇 달 전에 벽에 붙인 판자를 맨손으로 뜯었다. 손에서 피가 났지만 마음은 좀 가라앉았다.

(무명씨, 2005년)

평소 당신이 화를 잘 내던 사람이 아니어서 스스로 놀

랄 수도 있을 것이다. 특히 여성의 경우 화를 내는 자신을 인정하기가 쉽지 않을 것이다. 하지만 가끔씩 화내는 것은 지극히 정상적인 행동이다. 당신의 가족에게, 당신을 찾아온 운명에게 화내어도 된다.

모든 감정에는 나름의 메시지나 소망이 숨어 있다. 분노의 숨은 의미는 이것이다. '싫어. 달라졌으면 좋겠어. 내가 바꿀 거야.' 그러니 분노는 균형을 향한, 새로운 밸런스를 향한 동경인 것이다.

죄책감

죄책감은 앞에서도 언급했다. 아마 당신도 벌써 여러 번 죄책감을 느꼈을 것이다. 처음은 진단 결과를 알았을 때일 것이다. 어떤 이유로 가족이 달라졌는지 깨닫고 나서, 그리고 당신이 오랫동안 잘못 판단했다는 사실을 알고 나서 처음으로 죄책감이 밀려들었을 것이다. "그랬구나. 안 한 게 아니라 못 한 거였어."

하지만 진단 결과를 알고 난 후에도 죄책감이 들 수 있다. 예를 들면 인내심을 잃고 가족에게 벌컥 화를 내고 나면 돌아서서 바로 후회가 밀려든다. '내가 잘못했지. 아픈 사람한테 무슨 짓을 한 거지.'

자녀가 우울증에 걸렸을 때는 우울증의 원인이 당신인 것 같아서 더 죄책감이 든다. 그러나 사실 알고 보면 전문가들(정신과 의사와 심리학자들)이 너도나도 심리 질환의 원인을 가족이나 교육에서 찾은 지는 얼마 되지 않았다. 더구나 그사이 그 상관관계가 우리 생각보다 훨씬 복잡하다는 사실이 알려졌음에도 많은 전문가가 여전히 생각을 바꾸지 않는다. 그래서 이 책을 집필하는 동안에도 절망에 빠진 한 아버지의 이메일을 받았다. 딸이 아버지 때문에 우울증이 생겼다며 비난을 퍼부었다는 것이다. "치료를 받으면서 아빠가 어릴 때 나를 학대했다는 사실을 알게 되었어. 그동안 내내 외면하며 살았는데 치료사한테 전생 치료를 받고 나서 내 인생이 왜 그렇게 힘든지 깨달았어. 아빠가 그 사실을 인정해 줬으면 좋겠어."

내가 뭔가를 잘못했다는 생각 이외에 또 다른 생각이 죄책감을 불러올 수 있다. 바로 충분히 다하지 않았다는 생각이다. 특히 당신이 가족을 위해 많은 희생을 하는 경우 이런 생각으로 자신을 괴롭힐 위험이 매우 높다. 왜냐하면 자발적 도움의 이상하고도 잔인한 패러독스 때문이다. 가까운 사람들을 위해 누구보다 애쓰는 사람들이 나 몰라라 하는 사람들보다 죄책감을 더 많이 느낀다. 더 잘해 주어야 한다는 마음에 자신의 노력이 충분하지 못했다고 생각하기 때문이다. 또 가족이 고통받는 모습을 더 많이, 더 가까이에서 지켜보기 때문이다.

가족을 더 이상 사랑하지 않는다고 느낄 때도 죄책감이 든다. 죄책감의 원인은 이것이 다가 아니다. 혼자서 즐거운 시간을 보내도 죄책감이 밀려든다. 가족을 정신 병원에 입원시키고 나면 더 심한 죄책감이 몰려온다('온통 정신병자들밖에 없을 텐데 그런 곳에 던져 버리다니!').

한마디로 죄책감의 원인은 수백 가지다. 죄책감의 본성 탓이다. 뭔가 나쁜 일을 겪으면 사람들은 원인을 찾는다. '왜 이런 일이 일어났을까?' 이유를 찾을 때까지 고민하고 또 고민한다. '그냥 운이 나빴던 거야.' 그런 말로는 만족하지 못한다. 그렇다면 인생은 노름판과 다를 게 없고 내가할 수 있는 것이 아무것도 없다. 그래서는 안 된다. 그래서 우연보다는 차라리 죄를 택하자고 마음먹는다. '내가 그러기만 했더라도' 혹은 '내가 그렇게만 하지 않았어도'라고 생각한다. 우울증과 같은 충격적인 사건이 자신의 잘못이라면 조금만 더 조심하면 그런 일을 피할 수 있다. 그러니 더 노력하는 것이 마땅하다. 자책하면 무기력을 이기고 인생을 내 뜻대로 살 수 있다는 믿음을 지킨다. 따라서 자책은 생각만큼 '멍청한' 짓이 아니다. 사람들이 자주 자책을 하는 이유도 그것이 바로 그렇게 중요한 심리적 기능을 수행하기 때문인 것이다.

외로움

우리 모두는 자신만의 세상, 자신만의 섬에서 산다. 그리고 대부분의 사람은 두 사람이 살 수 있는 섬을 찾아 그와 하나가 되기를 깊이 갈망한다.

하지만 그런 섬은 존재하지 않는다. 너무나 사랑하는 사람들도 뚜렷한 자기만의 개성이 있으니까. 그럼에도 혼자서는 완전하지 않고 행복하지도 않기에 우리는 평생 주변의 다른 섬에 사는 사람들에게 가 닿으려 애쓴다. 우울증은 그 다른 섬에 가 닿기가 너무나 힘든 시간이다. 주변에 널린 섬을 볼 수는 있지만 그곳에 사는 사람들에게 진실로 가 닿지 못한다. 예전보다 더 많은 지지와 교류가 필요한 시기에 예전보다 더 큰 외로움을 느끼는 것이다.

평소 환자와 친하지 않던 사람들은 애당초 거리를 두고 살았기에 환자의 변화를 별로 느끼지 못한다. 하지만 환자의 파트너, 부모, 형제자매, 친구들은 예전과 달리 그와 거리가 생겼다고 느낀다. 그래서 친밀했던 예전을 그리워한다. 환자도 물론 외롭겠지만 가족인 당신도 외롭기는 마찬가지다. 특히 주변 사람들이 "난 아무것도 못 느끼겠던데"라며 당신에게 너무 비관적으로 생각하지 말라는 위로 아닌 위로를 건넬 때면 세상 누구도 내 마음을 모르는 것 같아 외로워진다.

가족이 우울증에 걸리면 아무래도 친구나 친척들과의 만남이 뜸해지기 때문에 더 외로울 수 있다. 우울증이 너무 오래 가면 아예 아무도 못 만나게 된다. 당신 스스로가 만남을 피하게 될 것이다. 환자가 사람을 피하고 집에만 있으려고 하기 때문에 환자를 두고 혼자 가기가 마음 편치 않다. 혹은 환자가 아프기 전에는 늘 모임을 주선했는데 그 사람이 아프니 모임이 절로 줄어든다. 집으로 사람들이 찾아오는 횟수도 줄 것이다. 환자와 함께 있으면 불편하니까 자동적으로 사람이 발길이 뜸해질 것이다. 다음의 여성도 그랬다.

> 다른 우울증 환자들처럼 나 역시 정상적인 인간관계의 궤도에서 이탈하여 안부를 챙겨 물어야 하는 사람의 목록에 올랐다. 나의 가련한 처지 때문에. 그들의 죄책감 때문에, 내가 예전에 너무 싹싹한 사람이었기 때문에. 내가 그 목록에 오른 것은 너무나 지당한 일이었다. "우리는 사람 만나는 게 편치 않아." 우리 기분장애자들이 하는 이야기는 자기충족적 예언이 된다. 나라도 나와 만나고 싶지 않을 것이다.
>
> (베치 위딘크, 2001년)

그런데 외로움은 평소의 온갖 부정적 감정들을 더욱 증폭시킨다. 외로움이 분노와 불안과 무력감과 슬픔의 불길에 기름을 붓는 격이다. 특히 아무런 출구가 없어서 이런 슬픔 감정들을 오직 혼자 힘으로 감당해야만 하는 경우에는 더욱 그렇다.

외로움은 덫이다. 외로울수록 변화가 힘들다. 결국 사방이 벽으로 둘러싸이고, 그곳에서 벗어날 길은 사라진다. 어떻게 사람과 접촉해야 할지 모르는 상태가 되는 것이다. 우연히 누군가를 만나도 하소연밖에 할 것이 없다. 지난 시간 겪었던 온갖 슬픔을 그에게 한꺼번에 쏟아내는 것이다.

수치심

우울증 환자의 가족이 많이 느끼는 감정 중에는 수치심도 포함된다. 그것이 어디서 온 것인지 알기 위해 잠시 '소풍'을 떠나 보기로 하자.

50년 전 나는 48명의 친구들과 함께 초등학교에 입학했다. 한 달 전 그 초등학교 동창회가 열렸다. 회장은 모임전에 모두에게 짤막한 자기소개를 A4 용지에 적어 오라고 시켰다. "세월이 너무 많이 흘러서 기억이 잘 안 날 수도 있고 또 다들 많이 변했으니까." 서로를 새롭게 알자는 취지였다. 동창회가 끝난 후 친구들의 요청이 쇄도하여 회장은 이 소개서들을 묶어 제본하여 모두에게 나누어 주었다. 어제 그것을 받아서 쓰윽 넘겨보았다. 예상대로 모두의 소개 방식이 다 거기서 거기였다. 당신도 아마 짐작할 것이다. 낯선 사람들 앞에서 자기소개를 할 때 당신은 어떤 말을 하는 가? 아마 직업 소개를 할 것이고 결혼을 했는지, 자녀가 있는지, 있다면 몇 명인지를 이야기할 것이다. 어머니, 아버지와 형제자매들의 이야기를 할 수도 있을 것이며, 자녀가 장성한 경우 아이들이 어떤 공부를 했고 어떤 직장에 다니는지, 손자 손녀가 있다면 그 이야기도 할 것이다.

동창회에 나온 친구들도 마찬가지였다. 그런데 왜 우리는 자기소개를 할 때 자기가 다닌 학교나 직장을 소개하는 수준에서 그치지 않고 가족 이야기까지 하는 것일까? 정체성과 자존감의 기원은 자신의 직장을 넘어 가족으로까지 뻗어나가기 때문이다. 그래서 자기소개를 할 때 가족을 소개하고 자식과 손주 이야기를 하는 것이다.

이 단락의 주제로 돌아오면 그 말은 이런 뜻이 될 것이다. 당신의 아버지나 어머니, 파트너나 자녀, 형제자매가 우울증에 걸리면 그들의 정체성뿐 아니라 내 정체성도 흔들린다. 한마디로 예전과 달리 내 가족이 자랑스럽지 않을 것이다. 파트너가 우울증이면 남들이 남편 이야기를 해도, 하지 않아도 부끄러울 것이다. 상대방이 그의 우울증을 당신 탓으로 생각하지 않을까 걱정스럽기 때문이다. 자녀가 우울증에 걸린 경우는 더하다. 대부분의 부모가 내가 아이를 잘

못 키운 것은 아닌가, 고민할 것이다. 당신도 지금 그런 고민에 빠져 있을지 모르겠다. 더 엄하게 키워야 했나, 더 사랑을 주어야 했나, 너무 아이를 옥죈 것은 아닌가 고민하고 괴로워할지도 모르겠다.

그러나 무엇보다 환자가 너무 기력이 없고 무력해 보일 때, 상황에 맞지 않는 행동을 할 때 그 곁의 가족은 가장 큰 수치심을 느낀다. 예를 들어 환자가 예전에는 칼같이 지키던 약속을 밥 먹듯 어기고, 해야 할 의무를 방치할 때다. 그 수치심이 너무 크다 보면 사람들 앞에서 절로 우울증에 대해 함구를 하게 된다.

이스라엘 작가 아모스 오즈도 자전적 소설 『사랑과 어둠의 이야기』에서 어린 시절 아버지와 공모하여 어머니의 우울증을 숨겼던 사실을 고백하였다.

삼촌과 숙모들, 할머니와 할아버지에게까지도 아버지와 나는 진실을 전부 말하지 않았다. 우리는 진실을 누그러뜨렸다. 감기에 걸린 지가 언제인지도 모를 어머니가 독감이 들었다고 했다. 편두통이라고 했고 햇빛에 너무 예민하다고도 했다. 가끔은 어머니가 너무 피곤하다고도 말했다. 아버지와 나는 진실을 말하려 애썼지만 전부 다는 아니었다. 진실을 전부 다 말할 수는 없었다. 의논을 한 적도, 입을 맞춘 적도 없었지만 누구에게도 우리가 아는 모든 것을 말해서는 안 되며, 외

부 세계에는 항상 하나 혹은 두 개의 사실만 털어놓아야 한다
는 것을 우리는 잘 알았다. 아버지와 나는 단 한 번도 어머니
의 상태에 대해 이야기한 적이 없었다. 그저 내일 해야 할 일
과 가사 분담만 입에 올렸다. 단 한 번도 어머니가 어디가 아
픈지 말하지 않았다. 아버지의 잦은 한숨만 빼면. 아버지는
자주 투덜거리셨다. "이놈의 의사들, 도대체 아는 게 없어. 아
무것도 모른다니까."

(아모스 오즈, 2004년)

이러한 자신의 생각과 기분 때문에 부끄러울 수도 있
다. 예를 들어 아무 일 없이 사는 다른 사람들을 부러워하
는 자신의 심정이 창피할 수 있을 것이다. 또 너무 힘들어
세상을 저주하다가, "내가 이렇게 불행하면 온 세상도 다
불행해야 마땅하다"고 화를 내다가 문득 그런 자신이 창피
할 수 있다. 이 상황에서 탈출하고 싶고, 가족을 포기하고
싶고, 연을 끊어버리고 싶은 마음이 들 때도 자신이 무척 수
치스러울 것이다.

공포

모든 인간의 감정 중에서 아마 제일 중요한 감정이 공

포일 것이다. 공포가 위험을 막아 주기 때문이다. 우울증 역시 위험한 것이기에 당신은 아마 무서운 마음에 잠을 뒤척였을 것이다. 우울증의 위험은 환자뿐 아니라 당신의 안정을 방해하는 증상 탓이다. 환자가 아무것도 하지 않고 혼자 있고 싶어 하고 잠을 잘 못 자고 먹지도 못하고 살이 빠지고 집중을 잘 못하기 때문에 그런 모습을 지켜보노라면 절로 겁이 난다. 자녀가 우울증을 앓으면 병이 오래갈까봐, 그래서 아이가 학교도 못 마칠까 봐, 직장을 잃을까 봐, 이혼을 당할까 봐, 정신 병원에 입원을 시키는 사태가 벌어질까 봐 무섭다. 파트너가 우울증에 걸려도 무섭기는 마찬가지이다. 가정이 엉망진창이 될 것이며 아이들이 어두운 가정 분위기로 인해 피해를 입을 것이다. 아이가 혹시라도 닮아서 나중에 우울증을 앓게 될까 봐 그것도 겁난다. 그리고 무엇보다 파트너가 자살이라도 할까 봐 노심초사할 것이다.

긍정적 기분

한자로 위기危機는 '위험'과 '기회', 두 가지 의미가 있다. 가까운 가족의 우울증은 대부분 부정적인 기분을 몰고 오지만 때로 긍정적인 감정을 일깨울 때도 있다. 예를 들어 가족의 우울증을 통해 그의 약한 부분을 알게 되고 그가 정말로 당신을 필요로 한다는 사실을 느낄 것이다. 또 평소 가족이 처리하던 일이나 책임을 어쩔 수 없이 당신이 떠맡게 되면서 미처 몰랐던 당신의 재능을 발견할 수도 있다. (20세기의 여성해방은 양차 세계 대전 동안 남자들이 전쟁터로 나가고 여자들이 집에서 많은 일을 떠맡게 되면서 크게 약진하였다. 여성들이 미처 몰랐거나 활용하지 못했던 재능을 발견하고 발휘하게 된 것이다.) 당신도 그동안 몰랐던 자신의 살뜰한 면모를 깨닫게 될 것이다. 또 당신이 그를 얼마나 사랑했는지, 병이 찾아오기 전 그의 모습을 얼마나 아꼈는지 새삼 깨달을 것이고, 거기서 힘과 인내심을 길어 내어 우울증이 지나가고 다시 그 모습이 되돌아올 때까지 기다릴 수 있을 것이다.

또 우울증 덕분에 갑자기 진정으로 중요한 가치를 깨달을 수 있다. 물질적 풍요보다 인간관계와 서로의 의미가 훨씬 더 중요하다는 사실을 마침내 알게 될 테니까 말이다.

6장

"나까지 우울증에
빠지지 않으려면?"

우울증에 빠진 사람과 함께 살 때
지녀야 할 열세 가지 태도

이 장에서는 (당신을 위협하는) 문제들에 어떻게 대응할 것인지 혹은 어떻게 그 문제들을 막을 수 있을 것인지 조언해 주고자 한다. 힘든 가족을 잘 지켜내면서 지치지 않을 수 있는 방법을 알려 줄 것이다. 아마 이 장을 읽고 나면 당신도 해 낼 수 있다는 용기를 얻을 것이다.

다음의 조언이 모두 당신에게 꼭 맞지는 않을 것이다. 따라서 모든 조언을 따라야 할 필요는 없다. 조언들 중에서 자신에게 가장 잘 맞는 것을 골라 적극 활용해 보도록 하자.

'산소마스크'는 당신이 먼저 써라

비행기가 이륙하기 전에는 안전 방송을 한다. 기내에

산소가 부족하거나 기압이 떨어지면 산소마스크가 자동적으로 내려오는데 그때 어린이를 동반한 부모는 자신이 먼저 마스크를 쓰고 그다음에 아이에게 마스크를 씌워야 한다고 말이다.

처음 그 소리를 들었을 때 나는 깜짝 놀랐다. 부모라면 아이부터 챙겨야 옳지 자기만 살겠다고 먼저 산소마스크를 쓰라니! 하지만 잠시 곰곰이 생각한 결과 무슨 의미인지 깨달았다. 아이한테 먼저 마스크를 씌우려다가 혹시 어른이 호흡 곤란에 빠지면 아이도 못 씌우고 자신도 못 쓸 것이다. 그럼 당연히 아이는 챙길 수가 없다.

우울증 환자의 가족도 마찬가지다. 자신을 먼저 챙겨야 한다. 그래야 환자를 효율적으로 도와줄 수 있다. 물에 빠진 가족을 구하겠다고 무작정 물로 뛰어들면 그도, 당신도 다 죽는다. 당신이 자기 삶을 제대로 살고 취미나 여가 활동으로 에너지를 채워야 힘을 내서 가족을 잘 보살필 수 있다. 절대 죄책감을 느끼지 마라!

특히 환자와 한 집에 살면 더욱 자신만의 자유 공간이 필요하다. 우울증 환자를 대하려면 건강한 사람보다 몇 배의 에너지가 필요하다. 매일 좋아하는 일을 하라. 매일 친구와 전화를 하거나 30분 정도 피아노를 치거나 음악을 듣거나 집지나 책을 읽거나 산책을 하거나 텃밭을 가꾸라.

환자 가족이 겪을 수 있는 가장 큰 위험 중 하나가 고립이다. 죄책감 때문에 환자를 두고 혼자 밖으로 못 나가거나 근심 걱정에 빠져 기력을 잃는 바람에 사람을 만날 수가 없는 것이다. 사람은 가장 중요한 에너지원이다. 따라서 자신은 물론이고 환자를 위해서라도 인간관계를 소홀히 해서는 안 된다. 우울증 남편과 같이 사는 아내의 이야기를 들어 보자.

남편이 우울증을 앓고 있습니다. 그래서 이 병의 증상인 은둔과 고립의 패턴에는 저도 익숙하답니다. 처음에는 고립감이 너무 심해 힘들었어요. 하지만 자꾸만 집 밖에서 관심과 관계를 찾다 보니 어느 결에 고립감도 사라졌지요. 지금은 자신감도 더 생겨서 남편을 돌보는 데에도 도움이 많이 돼요. 혼자 취미 활동을 하고 친구를 만나는 것이 남편에 대한 배신이라고 생각하지 않아요. 오히려 그 덕분에 우리 관계가 더 돈독해지는 걸요.

(『사이칼러지스*Psychologies*』, 2007년)

너무 야단치거나 걱정하지 마라

우울증 환자는 보통 사람들보다 비난을 잘 못 견딘다. 남들보다 비난을 더 강하게 느끼기 때문이다. 안 그래도 스스로를 바라보는 눈이 부정적이다. 그런데 거기에 야단까지 맞으면 자신감이 바닥으로 곤두박질친다. 우울증 환자는 칭찬을 들어도 그 말에서 부정적인 메시지를 억지로 찾아낸다. 그리고는 부정적 결론을 내린다. "봐. 난 뭘 해도 안 된다니까."

사사건건 간섭을 하거나 너무 붙어 있으려 하는 것도 바람직하지 않다. 심리학 전문 서적들은 이와 관련하여 표출감정expressed emotion, EE이라는 개념을 사용한다. EE는 보살피는 사람이 환자에 대해 즉흥적으로 내뱉는 말의 표현 방식, 특히 그 말에서 비판과 적대감 혹은 지나친 정서적 염려가 차지하는 몫을 말한다. 따라서 (환자를 보살피는) 가족의 EE 수치가 높으면 환자는 거의 확실히 입원을 되풀이할 것이다. 또 높은 EE 수치는 환자를 보살피는 가족의 스트레스가 높고 부담감이 크다는 뜻이다(Burns와 Rabins, 2000년).

그러니까 너무 야단치거나 너무 걱정하면 환자에게도 당신 자신에게도 좋지 않다. 우울증 환자는 회복이 더뎌지고, 설사 낫는다고 해도 다시 우울증에 걸릴 위험이 크다. (그래서 앞서 2장에서 판단이나 조언을 삼가라고 말한 것이다. 우울증 환자는 조언도 야단이라고 느끼기 쉽다. 또 그런 식의 말을 들으면 기분이 상한다.) 환자를 야단치면 당신 자신도 스트레스를 느낀다. 그럼 어떻게 해야 지나친 걱정과 비난을 삼갈 수 있을까? 우선 이 장의 앞부분에 적힌 조언을 실천해 보면 큰 도움이 될 것이다. 당신 자신을, 자신의 삶을 먼저 생각하라! 그래야 환자도 나름의 삶을 살 수가 있다. 또 한 가지 잊지 말아야 할 것은, 당신은 환자의 고통을 덜어 줄 수 없고 덜어 주려 노력해서도 안 된다. 그런 노력은 실망을 안길 뿐이다. 우울증 어머니 밑에서 자라 나중에 자신도 우울증에 걸렸던 한 여성의 말을 들어 보자.

> 우리가 할 수 있는 최선은 최대한 일상의 부담을 덜어 주는 것이다. 당연히 밥을 주고, 전화도 대신 해 주지만 절대 직접 하라며 채근해서는 안 된다. 환자의 고통은 그냥 내버려 둬야 한다. 그의 고통을 덜어 주려는 노력은 백해무익하다. 외부의 도움은 모두 아무 소용이 없다. 그래봤자 우리의 삶만 망가지지 환자는 계속 아프다. 이중 실패인 것이다.
>
> (기네스 루이스, 2004년)

한마디로 당신이 그를 사랑하며 걱정하고 있다는 것을 그가 알게 하되 거리를 두어야 한다. 그것이 환자와 당신 모두에게 유익하다. 환자도 스트레스가 심하면 당신과 똑같은 행동을 할 것이다. 사람을 피하고 혼자 있으려 할 것이다. 딴 방으로 가거나 산책을 갈 것이다. 그것은 스트레스를 해소하는 건강한 방식이다. 그러니 환자가 그런 행동을 한다고 해서 길길이 날뛰거나 사사건건 잔소리를 해서는 안 된다. 당신도 스트레스가 심하거든 똑같은 방법으로 마음을 쉬게 하자.

어느 정도의 기대가 현실적인지, 지나친 비난과 걱정을 예방하려면 어떻게 해야 하는지, 모두에게 통하는 규칙은 없다. 이 경우도 실험과 선택만이 유일한 방법이다. 가족과 계속 대화를 나누는 것이 최선일 것이다. 어떻게 해 주기를 원하는지, 당신이 그에게 너무 지나친 요구를 하는 것은 아닌지, 당신이 너무 그를 비난하거나 간섭하는 것은 아닌지 그에게 물어보라. 대부분의 환자가 매우 구체적으로 지적해 줄 것이다.

환자와 너무 붙어 있어서 스트레스가 치솟고 이러다가 내가 우울증에 걸릴지도 모르겠다는 생각이 들면 얼른 정신을 차리고 거리를 취해야 한다. 연구 결과를 보면 우울증에 걸린 가족과 같이 살면 자신도 우울증에 걸릴 위험이 두 배 더 높다고 한다. 감정은 감기나 독감처럼 전염이 된다. 전염성이 있는 신체 질병은 격리 조치를 취한다. 우울증도 마찬가지다. 집안에 우울증 환자가 하나밖에 없는 것이 그래도 둘인 것보다는 훨씬 나을 테니까.

당신의 감정을 수긍하라

앞 장에서 우울증 환자의 가족이 느낄 수 있는 여러 가

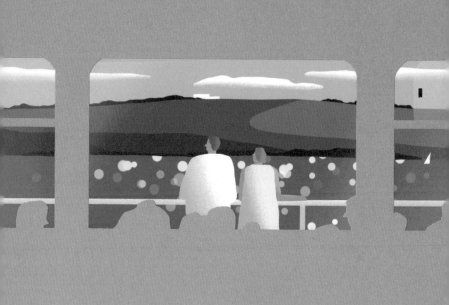

지 감정을 설명하였다. 그 감정들에 어떻게 대처해야 할까?

첫걸음은 깨달음이다. 때로 이것이 가장 힘든 걸음일 수 있다. 앞 장에서 내가 여러 가지 감정을 설명한 이유도 당신이 스스로의 감정을 재확인하고 깨닫도록 도와주기 위함이었다. 아마 하루에도 몇 번씩 앞 장에서 설명한 그런 온갖 감정들이 당신의 마음에서 솟구쳐 오를 것이다. 어쩌면 순간적으로 그 감정을 억누르거나 외면하려 애썼을지도 모르겠다. 그래서는 안 된다. 감정이 솟구치거든 그냥 내버려 둬라. 그 감정들은 어떤 것이 당신에게 무슨 의미인지를 확실히 보여 주는 신호다. 강렬한 정서적 동요는 그 무엇이 당신에게 매우 중요하다는 의미다. 그러니 그 감정을 억지로 쫓아내려 하면 긴장이 발생할 것이고 힘이 들 것이다. 반대로 감정에게 자리를 마련해 주고 감정의 눈을 똑바로 쳐다보면 어느 사이 감정은 조용히 물러날 것이다.

물론 얼굴을 내미는 여러 감정들 중에는 못마땅한 것들도 있을 것이다. 그러나 판단하지 말아야 한다. 슬픔, 절망, 수치, 원망, 분노, 질투……. 그 모든 것이 정상이다. 상대에게 화가 난다고 해서 그를 (이제는) 사랑하지 않는다는 뜻은 아니다. 설사 사랑하지 않게 되었다 해도 자신을 비난할 이유는 없다. "생각은 자유"라는 독일 속담이 있다. 생각뿐 아니라 감정도 자유다. 고결한 감정만 품고 싶겠지만 이 세상에 그럴 수 있는 사람은 없다. 모두가 좋은 감정과 함께 나쁜 감정도 느끼며 산다. 나쁜 감정을 느낀다고 해서 당신이 나쁜 사람이 되는 것은 아니다. 나쁜 사람이 되려면 나쁜 행동을 저질러야 한다.

감정을 수긍하기가 너무 힘들다면 이런 상상을 한번 해 보라. 당신이 길을 가다가 당신과 처지가 같은 사람을 만났다. 그가 당신에게 어떤 기분인지 털어놓았는데, 우연히도 (혹은 당연히) 당신의 기분과 똑같았다. 그래서 당신은 그를 나쁜 사람이라고 생각하겠는가?

불쾌한 감정은 항상 남과 비교하는 인간의 기본 성향 탓이다. 그러니 최대한 비교를 하지 말아야 한다. 우울의 검은 구덩이로 빠질 수 있는 가장 확실한 방법이 바로 나보다 잘난 사람을 쳐다보는 것이다. 하지만 사실 당신은 그 사람이 진짜 어떻게 사는지 잘 모른다. 작년에 TV 드라마 <우리 반 얼짱>을 본 적이 있다. 학창 시절 눈부시게 예뻐서 시기 질투를 받던 여자 아이들도 20~40년이 지나고 나니 온갖 시련을 겪은 할머니가 되어 버렸다. 인생은 그런 것이다.

당신의 감정의 대부분은 환자 탓일 것이다. 그럴 때는 환자와 대화를 나누는 것이 좋다. 괜히 말을 꺼냈다가 환자에게 더 부담을 줄까 봐 혹은 말해 봤자 환자가 이해하지 못할까 봐 아예 대화를 기피하는 사람이 많다. 근거 없는 불안이다. 많은 경우 환자는 당신의 말을 귀 기울여 들을 것이고 감정에 대해 허심탄회한 대화를 나눌 수 있을 것

이다. 그런 대화를 통해 가족과 환자는 서로를 더 이해하고 서로에게 더 다가갈 수 있을 것이다.

환자가 대화를 거부하거나, 환자와 불화가 생겨 대화가 불가능할 경우엔 마음을 터놓을 다른 사람을 찾아보아야 한다. 그럴 땐 이런 점에 유의하는 것이 좋다. 사람들은 남의 말을 귀 기울여 들어주고 남의 심정을 이해하려고 노력한다. 하지만 한 번 남의 말을 들어주고 나면 두 번째부터는 그런 자리를 기피한다. 한 번 응해 주었더니 상대가 계속 전화를 해 대고 그때마다 하소연해댈까 봐 겁나기 때문이다. 마음을 터놓는 대화의 횟수와 시점, 기간을 미리 정하면 이런 우려를 예방할 수 있다. 예를 들어 앞으로 두 달 동안 일주일에 한 번 30분 동안만 전화를 받아달라고 부탁하는 것이다. 그렇게 미리 약속을 하면 양쪽 모두 마음 편하게 대화를 나눌 수 있을 것이다.

또 한 가지 기피 이유는 그냥 하소연을 들어주는 것으로는 부족하다는 생각이다. 누군가가 고민을 털어놓으면 우리는 그의 문제와 걱정을 덜어 주거나 해결해 주어야 한다고 생각한다. 그럴 수가 없기 때문에 자신은 적임자가 아니라고 판단하고 상대방을 피하는 것이다. 따라서 처음부터 당신이 원하는 것은 고민을 들어주는 것일 뿐, 해결책이나 조언은 바라지 않는다는 점을 확실히 밝히면 좋을 것이다.

고민을 털어놓을 때는 어떻게 하는 것이 제일 좋을까?

연구 결과를 보면 말 그 자체는 별로 도움이 안 된다고 한다. 자신이 얼마나 괴롭고 힘들며 죄책감을 느끼는지 하소연해 봤자 도움이 안 된다. 지금 이런 상태에 이르게 된 전체 상황을 최대한 정확하게 설명을 해야 한다. 지금의 감정을 불러일으킨 그 일상의 사건, 사고, 경험도 같이 설명해야 한다. 자세할수록 좋다. 그래야 상대방도 당신의 상황만 잘 이해할 것이고 당신 자신도 지금 그 감정들이 어디서 온 것인지 깨달을 수 있다. 그럼 그 감정들뿐 아니라 인생 전반을 보다 잘 간파할 수 있을 것이다. 감정의 혼돈 속에서 질서가 탄생하는 것이다.

주변에서 그럴 만한 사람을 찾기가 힘들 수도 있다. 혹은 괜히 주변 사람에게 털어놓았다가 관계가 안 좋아질까 봐 걱정될 수도 있다. 그럴 땐 운명의 동지들과 접촉을 꾀해 보자. 같은 처지에 있는 사람들끼리는 서로를 이해하기도 쉬울 테니까 말이다. 이런 이유로 대부분의 정신 병원에선 환자 가족을 대상으로 강좌를 마련하여 우울증에 관한 정보를 제공하고 가족들끼리 경험을 공유할 수 있는 기회를 제공한다.

여러 사람들이 있는 자리에서 자신의 상황을 털어놓기가 내키지 않는다면 전문적인 도움을 구하는 방법도 있다. 심리 치료사나 의사, 종교 관계자를 찾아 조언을 구해 보라. 환자, 주변 사람, 운명의 동지들에게서는 도저히 위안을 못 찾겠다 싶을 때에도 전문적 도움을 고려해 보아야 한다.

당신이 쉽게 남한테 감정을 터놓는 타입이 아니라면 글로 적어 보는 방법도 있다. 예를 들어 일기장을 마련해 매일 좋은 감정과 나쁜 감정을 적어 보는 것이다. 연구 결과를 보면 일기를 쓰는 사람은 그렇지 않은 사람에 비해 마음이 편하다고 한다. 글쓰기의 치유 효과는 글을 쓰려면 생각과 감정을 정리하여야 하고 일정한 거리를 두고 바라보아야 하기 때문이다. 그 과정을 통해 자신의 감정을 통제할 수 있고 마음의 평화를 찾을 수 있는 것이다.

상대가 금방 이해해 줄 것이라 기대하지 마라

마침내 용기를 내어 당신의 사연을 털어놓았다 하더라도 상대가 진심으로 당신을 이해할 것이라 기대해서는 안 된다. 당신이 모든 관점에서 옳고 지당하다고 반응할 사람은 (전문가를 포함하여) 극소수뿐이다. 하지만 그런 반응의 대부분은 그러고 싶지 않아서가 아니라 당신을 돕고 싶은 열정에서 나온 것이다. 상대는 당신의 고통을 덜어 주고 싶고, 그럴 수 있는 최선의 방법이 위로의 말을 건네고 해결 방안을 제시하고 조언을 던지는 것이라고 생각한다. "인생이 다 그런 거지.", "누구나 살다 보면 힘들 때가 있어.", "시간이 가면 나아질 거야.", "여행을 가보면 어때?" 같은 말로 당신에게 어떻게든 도움을 주려 노력한다. 가만히 생각해 보라. 지금껏 살면서 당신도 한번쯤은 그런 행동을 했을 것이다. 어쩌면 지금도 누군가 당신에게 어려움을 토로하면 적당한 말을 찾지 못해 전전긍긍할 것이다. 사실 올바른 순간에 올바른 말을 찾기란 너무너무 힘든 일이다.

중증 우울증을 앓는 아내와 함께 사는 남편도 다음과 같이 고백했다. 우울증 환자 가족 모임의 다른 참가자들에게 적당한 말을 해 주기가 정말 너무나 힘들다고 말이다.

거기서 누가 사연을 털어놓으면 무슨 말을 해서 어떻게 용기를 주어야 할지 무지무지 고민을 해야 한다. 어떤 심정인지 우리가 누구보다 잘 아는데도 말이다. 그래서 나는 누가 옳지 않은 말을 해도 탓하지 않는다. 정말이지 엄청 힘든 일이니까.

이렇듯 사람들은 힘들어하는 당신에게 무슨 말을 해 줘야 할지 몰라 당신을 피하기도 하지만, 그밖에도 당신을 피하는 이유는 많다. 한 가지는 이미 앞에서 언급했다. 한 번 하소연을 들어주었다가 앞으로 영영 당신의 감정 쓰레기통이 될지 모른다는 불안 때문이다. 이런 것 말고도 다음과 같은 이유들이 있다.

- 상대의 고통과 슬픔을 목격하는 순간, 자신의 상처나 연약함이 생각난다. "나도 저런 일을 당할지도 모르는데, 그건 상상도 하기 싫다."
- 슬픔과 고통에 합리적으로 대처하는 법을 배우지 못했다. "우리 부모님은 늘 말씀하셨지. 징징대지 마라!"
- 자신은 도움을 줄 적임자가 아니라고 생각한다. "내가 그 정도로 가까운 사이는 아니지."
- 자기감정에 빠질까 봐 걱정한다. "그런 이야기를 들으면 내가 못 견디고 울어 버릴 거야."
- 대화를 시도했다가 사태를 더 악화시킬지 몰라 불안하다. "괜히 잘못 건드려서 안 그래도 힘든 사람들을 더 힘들게 만들지도 몰라."

그러니 사람들이 당신을 이해하지 못하는 것은 마음이 없거나 관심이 부족해서가 아니라 인간이 가진 한계 탓이다. 그 사실을 명심하면 주변 사람들의 실망스러운 행동을 마주쳐도 훨씬 상처를 덜 받을 것이고 담담하게 대처할 수 있을 것이다.

주변 사람들이 가족의 우울증을 알게 되면 명확히 표현하지는 않는다 해도 그들 나름의 의견을 이런 저런 방식으로 전달할 것이다. 항우울제를 먹으라고 권해야 하지 않나? 항우울제를 못 먹게 해야 하지 않나? 자꾸 밖으로 데리고 나가야 하지 않나? 가만히 내버려 둬야 하지 않나? 같이 여행을 가는 게 낫지 않나? 등등.

그러므로 다른 사람의 눈에는 당신의 방식이 틀릴 수도 있다는 사실을 명심하고 대비하는 것이 좋겠다. 남의 판단에 휘둘리지 말고 남들이 뭐라고 하면 다음의 옛날이야기를 떠올리자.

해가 쨍쨍 내리쬐는 한낮에 아버지와 아들이 나귀를 끌고 먼지 자욱한 커산의 거리를 걸었다. 아버지가 나귀 등에 타고 아들이 나귀를 끌었다. 지나가던 행인이 이 모습을 보고 혀를 차며 한마디 했다. "저런 불쌍한 녀석. 저 짧은 다리로 나귀를 쫓아가느라 허둥대는구나. 애는 저렇게 뛰는데 애비란 놈은 게을러 빠져서 나귀 등에 타고 있으니, 원." 이 말을 듣고 뜨끔한 아버지는 다음 길모퉁이에서 나귀를 멈추고 내린 다음, 자기 대신 아들을 태웠다. 그런데 얼마 가지 못해 다시 행인의 말소리가 들렸다. "저런 후레자식이 있나. 저는 왕처럼 나귀 등에 타고 늙은 애비는 걷게 하다니." 이 말을 들은 아들이 양심에 찔려서 아버지에게 같이 타고 가자고 청했다. 하지만 이번에는 지나가는 여자가 가만히 있지 않았다. "불쌍한 나귀 같으니라고. 등이 푹 꺼졌네. 늙은 것도 젊은 것도 둘씩이나 등에 타고 있으니 얼마나 힘이 들겠어." 아버지와 아들은 그 말을 듣고 서로를 쳐다보다가 아무 말 없이 나귀 등에서 내렸다. 나귀와 나란히 몇 발자국도 안 걸었는데 이번에는 지나가던 행인이 그들을 보고 놀렸다. "저런 멍청한 인간을 봤나. 타지도 않을 거면서 나귀는 뭐하러 데리고 다닐까?" 아버지가 나귀 입에 짚 한 줌을 밀어 넣어 주면서 남은 손으로 아들과 어깨동무를 했다. "우리가 어떻게 해도 못마땅한 인간은 꼭 있구나. 그냥 우리 마음대로 하자꾸나."

(노스라트 페제슈키안, 1979년)

자신의 잘못을 용서하라

가해자를 용서해야만 고통은 끝이 난다. 그것이 심리학의 법칙이다. 가해자를 용서하지 않으면 피해자는 영영 과거에 붙들려 살아야 한다.

자신의 잘못도 마찬가지다. 당신 역시 우울증을 앓는 가족에게 화를 낸 적이 있을 것이고 그를 매몰차게 대하거나 그에게 짜증을 부렸을 것이다. 참다 참다 폭발하여 소리를 지른 적도 있을 것이고 나보다 잘사는 사람들을 보며 질투를 느꼈을 것이다. 그렇다고 해서 자책을 해 봤자 기분만 더 나빠질 것이고 안 그래도 고단한 삶만 더 힘들어질 것이다. 남을 용서하듯 자신을 용서하라. 물론 잘못은 저지르지 않는 것이 좋다. 그러나 이미 저지른 잘못은 자책을 한다고 해서 달라지지 않는다. 자신을 용서하여 자책으로 인한 스트레스를 덜어야 한다. 그래야 또 다시 실수를 되풀이할 위험도 줄어든다.

당신도 한낱 인간에 불과하다. 인간은 누구나 실수를 저지른다. 그러니 당신을 용서하라. 용서하고 또 용서하라.

주변 사람들에게 우울증에 대해 알리자

가족이 아프기 전 당신은 우울증에 대해 얼마나 알았는가? 우울증의 증상과 대처법에 대해 얼마나 알고 있었는가? 아마 별로 알지 못했을 것이다. 어쩌면 그래서 이 책을 샀을지도 모르겠다.

당신에게 도움이 되는 지식은 가까운 주변 사람들에게도 도움이 될 수 있다. 그들 역시 예전 당신이 그랬듯 우울증에 대해 아는 것이 많지 않을 것이다. 그들에게 우울증이 무엇인지, 환자를 어떻게 대해야 하는지 설명하자. 필요하다면 이 책을 읽어 보라고 권해도 좋다. 그래야 그들이 환자의 행동을 오해하여 환자를 피하는 일이 없을 것이다.

당신이 바라는 것이 무엇인지도 솔직히 이야기하자. 당신의 생각을 읽을 수 있는 사람은 없다. 우울증 환자와 같이 살다 보면 잠시 벗어나고 싶은 마음이 들 수도 있다. 그럴 땐 솔직하게 친구에게 집으로 찾아오지 말고 밖에서 만나자고 말하라. 반대로 누가 집에 찾아오면 가족의 기분이 밝아질 수 있다. 그럴 땐 친구에게 집으로 와 달라고 부탁하라.

될 수 있는 한 현재를 살아라

우울증 환자와 같이 살면서도 밝게 사는 사람들에겐 공통점이 하나 있다. 멀리 보지 않고 최대한 현재를 산다는 점이다.

한 시간 동안 가만히 당신의 생각을 지켜보라. 당신의 생각이 얼마나 미래를 떠도는지 살펴보라. 아마 당신은 너무나 많은 시간을 아직 오지도 않은 일을 걱정하고 근심하느라 허비할 것이다. 해가 쨍쨍한데도 벌써 불면의 밤을 걱정할 것이다. "오늘 밤에 틀림없이 잠을 못 잘 테니까 내일도 하루 종일 엄청 피곤하겠지." 그럼 아직 밤이 오지도 않았는데도 벌써 피곤할 것이고, 아직 오늘인데도 내일 피곤할까 걱정되어 마음이 무거울 것이다. 네덜란드 민요에는 이런 가사가 있다. "인간은 절대 오지 않을 불행을 제일 많이 걱정한다. 그래서 신이 주려고 생각하지도 않았던 고통을 스스로 받는다."

미래뿐 아니라 과거도 우리의 발목을 붙든다. 우리는 많은 시간을 이미 일어난 일 때문에 후회하고 분노한다. 하지만 아무리 화를 내고 울어도 지난 일은 돌이킬 수 없다.

그러니 최대한 현재를 살아라. 내일 일은 내일 걱정하면 된다. 혹시 무슨 일이 일어날까 봐, 혹시 뭐가 잘못될까 봐 근심하고 걱정하는 것보다 더 큰 스트레스를 유발하고 더 큰 에너지를 잡아먹는 일은 없다. 근심을 머리에 이고 다니면 절대 인생을 즐길 수 없다.

지금 이 순간에 몰입할수록 고통은 줄고 만족은 커진다. 이빨이 아플 때 TV를 보는 것과 같은 이치이다. TV에 집중하면 그 순간만큼은 통증을 덜 느낀다.

현재를 살라고 해서 눈을 질끈 감고 미래를 아예 준비하지 말라는 뜻은 아니다. 가끔은 미래를 예상하며 어떤 문제가 일어날 수 있을지, 어떻게 대비할 수 있을지 질문하는 시간을 가져야 한다. 현재를 살라는 말은 이 질문의 해답을 찾은 후에는 즉각 '스위치를 돌려' 오늘에 집중하라는 뜻이다.

당신이 바꿀 수 있는 문제에 집중하라

주여, 제게 평온한 마음을 허락하소서.
바꿀 수 없는 일은 받아들이게 하시고

바꿀 수 있는 일은 바꿀 수 있는 용기를 주소서.

그리고 이 둘을 분별할 수 있는 지혜를 주소서.

독일 출신 미국 신학자 라인홀트 니부어가 1935년에 쓴 이 짧은 기도에는 정말로 인생의 소중한 지혜가 담겨 있다. 우리는 바꿀 수 없는 것에 저항하느라 너무 많은 에너지를 허비한다. 현실을 받아들일 수가 없는 것이다. 그런가 하면 바꿀 수 있는데도 아무것도 하지 않고 한탄만 하는 경우도 너무 많다.

방금 전 나는 이렇게 말했다. "가끔은 미래를 예상하며 어떤 문제가 일어날 수 있을지, 어떻게 대비할 수 있을지 질문하는 시간을 가져야 한다." 스트레스를 해소하는 가장 직접적이고 효과적인 방법은 에너지를 앗아가는 그 상황을 없애는 것이다. 이쯤 되면 당신도 내가 무슨 말이 하고 싶은지 눈치 챘을 것이다. 가끔씩 시간을 내서 당신이 지금 (혹은 미래에) 맞닥뜨린 문제를 지그시 바라보며 이런 질문을 던져야 할 것이다. '여기서 내가 바꿀 수 있는 부분은 무엇인가? 어떤 부분을 받아들여야 하는가?'

이때 아래의 방법을 사용하면 간단하면서도 매우 유익할 것이다. 종이와 연필을 준비하거나 스마트폰을 준비한다. 당신의 마음을 무겁게 만드는 문제를 적어 보자. 일곱 가지만 적는다. 각 문제마다 이런 질문을 던져 보자. "해결할 수 있을까?" 해결할 수 없다고 판단되는 문제 밑에는 "아니오"라고 적고 "이 문제와 더불어 사는 법을 배운다"라는 설명을 추가한다.

그런 다음 해결할 수 있다고 분류한 문제 중 하나를 골라서 그 문제에 집중한다. 한 가지를 골라 그 문제에만 집중해야 성공 확률이 높다. 예로부터 전투를 지휘한 장수들은 전선이 여러 곳으로 흩어지면 전투가 힘들다는 것을 잘 알았다.

이제 그 문제를 해결할 수 있는 간단한 계획을 짜 보자. 일단 최대한 많은 해결 방안을 고민한 후 그중에서 가장 당신에게 와 닿는 방안을 선택한다. 언제부터 해결에 나설 것인지 자신과 약속을 정한다. 가능하다면 주변 사람들에게 그 사실을 알리는 것이 좋다. 그럼 아무래도 창피를 당하지 않으려고 더 노력할 것이다.

고립되지 마라

가족이 우울증이어서 집안 분위기가 음울하고 답답하면 집 밖으로 나가면 된다. 문제는 우울증에 걸린 내 가족이 여태 당신을 모임이나 행사에 데리고 다녔는데 갑자기 의욕을 잃고 집에 틀어박힐 경우다. 그럼 당신도 따라 집에서 보내는 시간이 많아질 테니 말이다. 우울증 환자를 집에 두고 자기 혼자 즐기는 것 같아서 집에만 틀어박혀 있는 것도 위험하기는 마찬가지다. 환자를 두고 나가려니 죄책감이 들고, 사람들을 집으로 부르자니 창피하다. 방금 나는 "위험"이라는 단어를 의도적으로 사용하였다. 인간관계는 삶의 에너지를 선사하는 가장 중요한 샘물 중 하나다. 따라서 당신은 물론이고 우울증 가족을 위해서라도 계속해서 사람들을 만나고 접촉해야 한다. 환자와 의논해서 당신 혼자 나가겠다는 약속을 하라. 죄책감 느낄 필요 없다. 앞서 '산소 마스크는 당신이 먼저 쓴다'에서도 말했듯 당신이 숨을 쉬어야 가족도 살릴 수 있다.

매일 시간을 내서 즐거운 일을 하라

앞서 3장에서도 말했듯 인기와 효과가 가장 높은 치료 방법이 인지행동 치료다. 이 치료법을 사용하는 치료사들은 거의 표준 질문처럼 예전에 좋아하던 활동을 포기했느냐는 질문을 환자에게 던진다. 그렇다는 대답이 많기 때문에 치료의 중요한 목표는 환자가 다시 예전의 활동을 하도록 독려하는 것이다. 이유가 무엇일까? 사회적 접촉과 마찬가지로 좋아하는 활동 역시 에너지의 원천이기 때문이다.

이 사실은 우울증 환자뿐 아니라 모든 사람에게 적용된다. 당신이 아직 우울증을 앓아 본 경험이 없더라도 즐거운 활동을 계속하면 우울증을 예방할 수 있다.

즐거운 활동이란 무엇일까? 잠깐 산책을 하고 좋아하는 드라마를 시청하고 책이나 잡지를 읽고 퀴즈를 풀고 피아노를 치고 텃밭을 가꾸고 자녀(손자)나 친구와 전화를 하고 음악을 듣는 것이다.

가능하다면 하기 싫은 일을 억지로 하고 난 후에 곧바로 즐거운 활동을 하는 것이 좋다. 매일 반복되는 과제를 처리한 후에도 즐거운 활동이 좋다. 그럼 일거양득이어서, 매일 반복되는 임무를 미루지 않을 것이고, 하기 싫은 일을 해도 짜증이 나지 않을 것이다. 마치고 나면 곧바로 즐거운 활동이 기다리고 있을 테니 훨씬 가볍고 신나는 마음으로 귀찮고 하기 싫은 일을 처리할 수 있을 것이다.

스트레스 신호를 주의 깊게 살피자

우울증에 걸린 환자와 같이 살기란 말처럼 쉬운 일이 아니다. 그러니 옆에서 간병을 하다가 자신도 모르는 사이 과로와 스트레스에 빠지기가 쉽다.

자신이 과로에 시달리고 있다는 사실은 어떻게 알 수

있을까? 우리 몸과 마음은 과로와 스트레스에 경고 신호로 반응한다. 가령 몸의 차원에선 머리, 배, 장, 목, 어깨, 등이 아프고 어지럽고 피곤하다. 심리적 차원에는 신경이 곤두서고 잘 까먹고·흥분을 잘하며 고민이 많고 의욕이 없고 즐거운 일이 없다. 경고 신호는 행동으로도 나타나서, 초조하고 벌컥 화를 내고 담배와 술이 늘고 불평과 하소연이 는다.

누구에게나 취약한 부분이 있다. 고단하고 힘이 부치면 제일 먼저 그 부분이 고장을 일으킨다. 그 경고의 신호를 무시하고 계속 과로를 하면 마침내 걷잡을 수 없이 상태가 악화될 수 있다. 스트레스와 피로가 도를 넘어서 울적한 기분이 우울증으로 발전하는 것이다. 따라서 자신에게서 앞서 언급한 증상 중 몇 가지가 발견되고 그것이 비정상적으로 오래가거나 악화된다면 얼른 의사에게 문의해 보아야 한다.

명심하라. 당신마저 능력의 한계를 넘어서 병에 걸리면 이제 집안에 환자가 둘이 된다.

서로의 차이점을 존중하라

우울증 환자는 거의 정상 생활을 할 수 없다. 개인에 따라 차이는 있어도 그들을 괴롭히는 문제는 대개 비슷하다. 늘 피곤하고, 밖으로 나가서 정상적인 인간관계를 맺을 의욕이 없고, TV를 보거나 책을 읽고 싶은 마음도, 활동을 하고 싶은 마음도 없다. 모든 것이 너무 힘에 부친다. 한마디로 기나긴 상실의 행렬인 것이다.

모든 상실이 그렇듯 우울증으로 인한 상실 역시 잘 처리하고 소화해야 한다. 방법은 개인에 따라 제각각이다. 어떤 사람은 이야기하고 싶어 하고, 어떤 사람은 입을 꾹 다물고 혼자 있고 싶어 한다. 어떤 사람은 오랫동안 현실을 부정하고("내가 그럴 리 없어!"), 어떤 사람은 자신의 이상한 점을 누구보다 빠르게 간파한다. 환자가 예전의 그 사람이 아니라는 사실은 환자 자신뿐 아니라 가족도 받아들여야 한다. 그러다 보니 상실의 고통을 표현하는 방법이 환자와 가족 간에 서로 다를 수가 있다. 당신은 우울증 가족에게 기분이 어떤지 자꾸만 묻지만 정작 그 가족은 말하고 싶지 않을 수 있는 것이다. 상실에 대처하는 방법이 크게 다르면 서로를 이해할 수 없어 스트레스가 더 쌓일 수 있다. 특히 한쪽이 자신의 방법만이 유일하게 옳거나 최고의 방법이라고 굳게 믿는 경우 더욱 갈등의 소지가 높다.

따라서 최고의 방법이란 존재하지 않음을 인정하고 상대의 방법을 존중하는 것이 중요하다. 말을 하건 안 하건, 각자에게는 자신이 선택한 방법이 옳은 방법인 것이다.

기도하라

우리 아버지는 58세에 파킨슨병에 걸렸고 몇 년 후에는 치매까지 찾아왔다. 그래서 총 20년을 병마와 싸우다 돌아가셨다. 파킨슨병 환자들이 많이 그렇듯 아버지 역시 우울증이 엄청 심한 시기가 있었다. 그럴 때면 우리더러 창고에 가서 도끼를 가져오라고 소리를 질렀다. "도끼로 내 머리를 부숴 줘!" 어머니는 내내 걱정이 이만저만이 아니었고 나는 걱정하는 어머니의 모습을 지척에서 지켜보았다. 5년 전부터는 어머니도 치매를 앓고 계신다. 하지만 아버지 때문에 힘들었던 시절은 아직 생생히 기억하셔서 지금도 자주 이런 말을 한다. "믿음이 없었다면 못 버텼을 거야. 기도 덕분에 힘을 냈지." 우리 어머니처럼 고단한 시간을 믿음으로 버틴 사람들을 나는 많이 보았다.

그래서 당신이 혹시 종교가 있으면 이렇게 조언하고 싶다. 기도하라! 가족이 좋아지게 해달라고, 가족이 낫게 해달라고 기도하라. 조금 더 힘을 달라고, 인내와 관용과 아이디어를 달라고 기도하라. 내 가족이 우울증을 이기고 교훈을 얻게 해 달라고 기도하라. 당신이 이 시기를 무사히 넘기고 교훈을 얻을 수 있게 도와달라고 기도하라. 이 고난을 통해 당신과 가족이 더 가까워지게 해 달라고 기도하라!

우울증 자가 진단표

	그렇지 않다	가끔 그렇다	자주 그렇다	항상 그렇다
1. 나는 매사에 의욕이 없고 우울하거나 슬플 때가 있다.	1	2	3	4
2. 나는 하루 중 기분이 가장 좋은 때가 아침이다.	4	3	2	1
3. 나는 갑자기 얼마 동안 울음을 터뜨리거나 울고 싶을 때가 있다.	1	2	3	4
4. 나는 밤에 잠을 설칠 때가 있다.	1	2	3	4
5. 나는 전과 같이 밥맛이 있다(식욕이 좋다).	4	3	2	1
6. 나는 매력적인 여성(남성)을 보거나, 앉아서 얘기하는 것이 좋다.	4	3	2	1
7. 나는 요즈음 체중이 줄었다.	1	2	3	4
8. 나는 변비 때문에 고생한다.	1	2	3	4
9. 나는 요즈음 가슴이 두근거린다.	1	2	3	4
10. 나는 별 이유 없이 잘 피로하다.	1	2	3	4

11. 내 머리는 한결같이 맑다.	4	3	2	1
12. 나는 전처럼 어려움 없이 일을 해낸다.	4	3	2	1
13. 나는 안절부절해서 진정할 수가 없다.	1	2	3	4
14. 나의 장래는 희망적이라고 생각한다.	4	3	2	1
15. 나는 전보다도 더 안절부절한다.	1	2	3	4
16. 나는 결단력이 있다고 생각한다.	4	3	2	1
17. 나는 사회에 유용하고 필요한 사람이라고 생각한다.	4	3	2	1
18. 내 인생은 즐겁다.	4	3	2	1
19. 내가 죽어야 다른 사람들 특히 가족들이 편할 것 같다.	1	2	3	4
20. 나는 전과 다름없이 일하는 것이 즐겁다.	4	3	2	1

해석 : 총점은 80점
- 50점 미만 : 정상
- 60점 미만 : 경증의 우울증
- 70점 미만 : 중등도의 우울증(전문가의 정신 건강 상담 필요)
- 70점 이상 : 중증의 우울증(전문의 상담 및 진료 필요)

출처: 본 저작물은 공공누리 제1유형에 따라 [보건복지부(http://www.mohw.go.kr/), 정신 건강정책과]의 공공저작물을 이용하였습니다.

인용 저서

* 영어·한국어 번역서가 있는 경우 하단에 병기하였습니다.

ANONYMUS: Vrouwen. Leserbrief an die Libelle (niederländische Frauenzeitschrift) 5, 2005

BAKKER, Jaap Berend: Krachtmeting. Chronologie van een depressie. Baarn (Ambo) 1995

BAYLEY, John: Elegie für Iris. Aus dem Englischen von Barbara Rojahn Deyk. München (dtv) 2002

BAYLEY, John: Elegy for Iris. St. Martin's Press, 2001

BEISHUIZEN, Tineke: Tineke. Libelle 32, 2009

BLAMAN, Anna: Eenzaam. In: De verhalen. Amsterdam (J. M. Meulenhoff) 1992

BRAMPTON, Sally: Das Monster, die Hoffnung und ich. Wie ich meine Depression besiegte. Aus dem Engl. von Veronika Dünninger. © 2009 Bastei Lübbe GmbH & Co. KG, Köln

BRAMPTON, Sally: Shoot the Damn Dog(A Memoir of Depression). W. W. Norton & Co. Inc, 2008

BUUREN, Maarten van: Kikker gaat fi etsen. Rotterdam (Lemniscaat) 2008

COENEN, Frans: Bleke levens. Den Haag (Loman & Funke) 1899

DAM, A. van: Leserbrief. In: De Volkskrant 2009, 21. August DEISLER, Sebastian: zitiert nach Rosentritt, Michael: Sebastian Deisler. Zurück ins Leben. Die Geschichte eines Fußballspielers. Hamburg (Edel Germany) 2009

EEDEN, Frederik van: Wie Stürme segnen. Übersetzung der zitierten Textstellen von Eva Grambow. Berlin und Leipzig (Schuster & Loeffler) 1907

HAIG, Matt: Ziemlich gute Gründe, am Leben zu bleiben. München (dtv) 2016

HAIJTEMA, Arno: De donkere kant. De Volkskrant 2019, 11. Februar

HEMMERECHTS, Kristien: Taal zonder mij. Amsterdam (Atlas) 1998

HERMANS, Toon: Wie is jong, wie is oud? Baarn (Fontein) 1990

HOUTEN, Carice van: zitiert nach Zagt, Ab: Carice wil een lekkere man tegen zich aan. In: AD, 2009, 8. Oktober

JONG, Peter de & BERG, Insoo Kim: De kracht van oplossingen. Lisse (Swets en Zeitlinger) 2001. Originaltitel: Interviewing for Solutions

KAHN, René: In de spreekkamer van de psychiater. Amsterdam (Balans) 2008

KUIPER, Piet C.: Seelenfinsternis. © 1988 SDU uitgeverij, 's-Gravenhage. Aus dem Niederländischen von Marlis Menges. © S. Fischer Verlag GmbH, Frankfurt am Main 1991

KULITZA, Karl: Ich hatte Depressionen. Aus der Einsamkeit zu neuer Lebensfreude. Ein Betroffener berichtet und gibt Rat. Berlin (Ullstein Verlag) 1997

KUTTNER, Sarah: Mängelexemplar. © S. Fischer Verlag GmbH, Frankfurt am Main 2009

사라 쿠트너, 『다시 사랑할 수 있을까』, 강명순 옮김, 은행나무, 2009

LESSING, Doris: Unter der Haut. © 1994 by Hoffmann und Campe Verlag, Hamburg

LESSING, Doris: Under My Skin: Volume One of My Autobiography, to 1949. Perennial, 1995

LEWIS, Gwyneth: Zonnen in de regen. Amsterdam (Uitgeverij Nieuwezijds) 2004. Originaltitel: Sunbathing in the Rain: A Cheerful Book on Depression. 2002

LEWIS, Gwyneth: Sunbathing in the Rain: A Cheerful Book About Depression. Harper Perennial, 2006

LIVINGSTONE, Gordon: Zu früh alt und zu spät weise? 30 unbequeme Wahrheiten, um aus dem Leben klug zu werden. Aus dem Englischen von Jochen Lehner. © 2006 Integral, München, in der Verlagsgruppe Random House GmbH

고든 리빙스턴, 『너무 일찍 나이 들어버린, 너무 늦게 깨달아버린』(전2권), 노혜숙 옮김, 리더스북, 2007

LÜTZ, Manfred: Irre! Wir behandeln die Falschen. Unser Problem sind die Normalen. Gütersloh (Gütersloher Verlagshaus) 2009

만프레드 뤼츠, 『위험한 정신의 지도: 당신이 지극히 정상이라면 반드시 읽어야 할 발칙한 정신분석학』, 배명자 옮김, 21세기북스, 2010

MANNING, Martha: Am eigenen Leibe. Von der Psychotherapeutin zur Patientin. Aus dem Amerikanischen von Christina Strüh und Adelheid Zöfel.

© 1996 Droemersche Verlagsanstalt Th. Knaur Nachf. GmbH & Co. KG, München

MANNING, Martha: Undercurrents: a therapist's reckoning with her own depression. Harper Collins Pub, 1994

MARTIN, Lorna: Das Leben, die Liebe und ein Jahr auf der Couch. © Lorna Martin 2008. Aus dem Englischen von Maria Andreas. © S. Fischer Verlag GmbH, Frankfurt am Main 2009

MARTIN, Lorna: Girl on the Couch: Life, Love, and the Confessions of a Normal Neurotic. Random House Inc, 2009

NIKLEWSKI, Günther & Riecke-Niklewski, Rose: Depression überwinden. Niemals aufgeben. Berlin (Stiftung Warentest) 2008

OZ, Amos: Eine Geschichte von Liebe und Finsternis. Aus dem Hebräischen von Ruth Achlama, S. 642f. © Amos Oz 2002. © der deutschen Ausgabe Suhrkamp Verlag, Frankfurt am Main 2004

아모스 오즈, 『사랑과 어둠의 이야기』 (전2권), 문학동네, 최창모 옮김, 문학동네, 2015

PESESCHKIAN, Nossrat: Der Kaufmann und der Papagei. © Fischer Taschenbuch Verlag GmbH, Frankfurt am Main 1979

PIRSIG, Robert M.: Zen und Die Kunst ein Motorrad zu warten. © Robert M. Pirsig 1974. Aus dem Amerikanischen von Rudolf Hermstein. © S. Fischer Verlag GmbH, Frankfurt am Main 1976

로버트 메이너드 피어시그, 『선과 모터사이클 관리술: 가치에 대한 탐구』, 장경렬 옮김, 문학과 지성사, 2010

PLATEN, August von: Die Tagebücher des Grafen August von Platen. Übersetzung der zitierten Textstellen von Eva Grambow. Hrsg. G. v. Laubmann u. L. v. Scheffler, Stuttgart (2 Bde.) 1896/1900

PSYCHOLOGIES: Independent Women (Leserbrief). Dezember 2007

ROONEY, Sally: Normal people. London (Faber & Faber) 2018

ROSENBOOM, Thomas: zitiert nach Cerutti, Sofie: Verscheurd tussen angst en nieuwsgierigheid. In: Trouw, 2009, 27. August

ROTH, Philip: Operation Shylock. Ein Bekenntnis. Aus dem Amerikanischen von Jörg Trobitius © 1994 Carl Hanser Verlag, München SCHMIDT, Annie M. G.: zitiert nach Zijl, Annejet van: Anna. Amsterdam (Van Nijgh en Ditmar) 2002

ROTH, Philip: Operation Shylock A Confession. RandomHouse, 2010

SERVAN-SCHREIBER, David: zitiert nach Oden, Edwin: Hoop is een krachtig medicijn. In: Psychologie Magazine, Juli/August 2008, S. 96–98

SHAKESPEARE, William: Der Kaufmann von Venedig. In: Sämtliche Werke, Hrsg. A. W. Schlegel u. L. Tieck, Band 1: Komödien. Lizenzausgabe der Wissenschaftlichen Buchgesellschaft, Darmstadt 1984

윌리엄 셰익스피어, 『베니스의 상인』, 최종철 옮김, 민음사, 2010

SOLOMON, Andrew: Saturns Schatten. Die dunklen Welten der Depression. Aus dem Amerikanischen von Hans Günter Holl unter Mitarbeit von Carl Freytag. Übersetzung der zitierten Textstellen von Eva Grambow nach dem niederländischen Text. Frankfurt am Main (S. Fischer Verlag GmbH) 2001

앤드류 솔로몬, 『한낮의 우울: 내면의 어두운 그림자 우울의 모든 것』, 민승남 옮김, 민음사, 2004

STYRON, William: Sturz in die Nacht: Die Geschichte einer Depression. Berlin (Ullstein TB-Verlag) 2010

윌리엄 스타이런, 『보이는 어둠: 우울증에 대한 회고』, 임옥희 옮김, 문학동네, 2002

TOLSTOI, Leo: Krieg und Frieden. Übersetzung der zitierten Textstellen von Eva Grambow. München (Winkler) 1956

레프 니콜라예비치 톨스토이, 『전쟁과 평화』(전4권), 박형규 옮김, 문학동네, 2017

TSCHECHOW, Anton: Meisternovellen. Aus dem Russischen von Rebecca Candreia © 1946 by Manesse Verlag, Zürich, in der Verlagsgruppe Random House GmbH, München UDINK, Betsy: Klein leed. Amsterdam (Meulenhoff) 2001

VESTDIJK, Simon: De Persconferentie. Amsterdam (De Bezige Bij) 1975

WIEG, Rogi: Fantoompijn van een afgesneden ziel. In: Oderwald, A., Neuvel, K., Hertogh, C. (red.): Pijn. Over literatuur en lijden. Utrecht (De Tijdstroom) 2004

WURTZEL, Elizabeth: Verdammte schöne Welt. Mein Leben mit der PsychoPille. Byblos Verlag (Berlin) 1994

YALOM, Irvin D.: Die Reise mit Paula. Aus dem Amerikanischen von Hans Joachim Maass. München (btb) 2000

어빈 D. 얄롬, 『폴라와의 여행: 삶과 죽음, 그 실존적 고뇌에 관한 심리 치료 이야기』, 이혜성 옮김, 시그마프레스, 2006

참고 문헌

1장

AVENEVOLI, S., KNIGHT, E., KESSLER, R. C., KIES MERINKANGAS, H.: Epidemiology of depression in children and adolescents. In: Abela, J. Z., Hankin, B. J. (Hrsg.), Handbook of depression in children and adolescents. London (Guilford Press) 2008

GREIST, J. H., JEFFERSON, J. W.: Depression and its treatment. Washington (American Psychiatric Press) 1992

KLEIN, Ger: Over de rooie. Autobiografische notities van een voormalig PvdA-politicus over zijn manisch-depressieve ziekte. Amsterdam (Balans) 1994

LAZARUS, R. S., DELONGIS, A.: Psychological stress and coping in aging. American Psychologist, 1983, 38: 245–254

LÜTZ, Manfred: Irre! Wir behandeln die Falschen. Unser Problem sind die Normalen. Gütersloh (Gütersloher Verlagshaus) 2009

MINDERAA, R. B., DEKKER, J.: Diagnostiek en behandeling van depressie bij kinderen en jeugdigen. In: DEN BOER, J. A. et al. (Hrsg.), Handboek stemmingsstoornissen. Maarsen (Elsevier/De Tijdstroom) 1999

NEEL, Armon. J.: 10 Types of medications that can make you feel depressed. In: https://www.aarp.org/health/drugs-supplements/info-02-2012/medications-that-can-cause-depression.html

WHOOLEY, M., AVINS, A., MIRANDA, J. et al.: Case-finding instruments for depression. Two questions are as good as many. Journal of General Internal Medicine, 1997, 12: 439–45

2장

LÜTZ, Manfred: Irre! Wir behandeln die Falschen. Unser Problem sind die Normalen. Gütersloh (Gütersloher Verlagshaus) 2009

STRAUSS, Claudia J.: Talking to depression. Simple ways to connect when someone you love is depressed. New York (NAL Trade) 2004

3장

BLOM, M. B. J.: Combination treatment for depressed outpatients. Amsterdam (Academic Thesis) 2007

BOCKTING, C. L. H. et al.: Effectiveness of preventive cognitive therapy while tapering antidepressants versus maintenance antidepressant treatment versus their combination in prevention of depressive relapse or recurrence (DRD study): a three-group, multicentre, randomised controlled trial. In: Lancet Psychiatry, 2018, 5(5): 401–410 CBO, Kwaliteitsinstituut voor de Gezondheidszorg & Trimbos-instituut: Multidisciplinaire richtlijn depressie. Richtlijn voor de diagnostiek en behandeling van volwassen cliënten met depressie. Utrecht (Trimbosinstituut) 2005

CIPRIANI, Andrea et al.: Comparative efficacy and toleralibility of antidepressants for major depressive disorder in children and adolescents: a network meta-analysis. The Lancet, 2016, 338, 10047: 881–890

CUIJPERS, P., STRATEN, A. van, WARMERDAM, L., ANDERSSON, G.: Psychological treatment of depression: A meta-analytic database of randomized studies. In: BMC Psychiatry, 2008, 8: 36

CUIJPERS, P., SMIT, F., BOHLMEIJER, E., HOLLON, S. D., ANDERSSON, G.: Efficacy of cognitive-behavioral therapy and other psychological treatments for adult depression: meta-analytic study of publication bias. In: The British Journal of Psychiatry, 2010, 196, 173–178. doi: 10.1192/bjp. bp.109.066001

DERUBEIS, Robert J. et al.: Cognitive therapy vs. medications in the treatment of moderate to severe depression. In: Arch Gen Psychiatry, 2005, 62: 409–416

DONKER, T., GRIFFITHS, K. M., CUIJPERS, P., CHRISTENSEN, H.: Psycho education for depression, anxiety and psychological distress: a metaanalysis. In: BMC Medicine, 16. Dezember 2009, 7, 79

HOPKINS TANNE, Janice: Cognitive therapy is as good as drugs for depression. In: BMJ, April 2005, 330, 810

HUBBLE, Mark L., DUNCAN, Barry L., MILLER, Scott D.: The heart and soul of change. What works in therapy. Washington (American Psychological Association) 1999

KIRSCH, Irving, SAPIRSTEIN, Guy: Listening to Prozac but Hearing Placebo: a Meta-Analysis of antidepressants Medication. In: Prevention & Treatment 1, Juni 1998, 2

MIERAS, Mark: Ben ik dat? Amsterdam (Nieuw Amsterdam) 2007

NATIONAL INSTITUTE FOR CLINICAL EXCELLENCE: Depression. Management of depression in primary and secondary care. Clinical Guideline

23, London (NICE) 2004

SPIJKER, J. J.; BLOM, M. B. J: De multidisciplinaire richtlijn depressie. In: Tijdschrift voor Psychatrie, 2006, 48: 921–925

TURNER, E. H.; MATTHEWS, A. M.; LINARDATOS, E.; TELL, R. A.; ROSENTHAL, R.: Selective publication of antidepressivant medication and its influence on apparent efficacy. In: The New England Journal of Medicine, 2008, 358: 252–260

VERMEULEN, M.: Zonder partydrug ketamine had de ernstig depressieve Harry Ketamin misschien niet meer geleefd. In: De Volkskrant, 2017, 23. Juni

4장

BAKKER, Bram: Antidepressiva weer onder vuur. In: AD, 2008, 8. November LAZARUS, A. A.: I can if I want to. New York (Warner Books) 1982

LICHT, Els: The long term prognosis of depression in primary care. Promotie Vrije Universiteit, 2008, 18. April

OUDENHOVE, Ch. van; COSTER, I. de; AMEELE, H. van den; FRUYT, J. de; GOETINCK, M.: De aanpak van depressie door de huisarts. Leuven (LannooCampus) 2007

PRINS, M.; VERHAAK, P. F. M.; BENSING, J. M.; MEER, K. van der: Health beliefs and perceived need for mental health care of anxiety and depression – the patients' perspective explored. In: Clinical Psychology Review, 2008, 28, 6: 1038–1058

VERHULST, J.: Jezelf kunnen, willen, durven veranderen. Lisse (Swets & Zeitlinger) 2001

VERMEULEN, M.: Dieper dan een dip. In: De Volkskrant, 2008, 22. Januar

6장

BURNS, A.; RABINS, P.: Carer burden in dementia. In: International Journal of the Geriatric Society, 2000, 15: 9–1